Der lebendige Gott

Über den christlichen Glauben

von
Bo Giertz

johannis

2000
Missionsverlag Bielefeld

TELOS-Taschenbuch 77835
ISBN 3-501-01418-X (johannis)
ISBN 3-929602-67-9 (Missionsverlag)
© der Deutschen Ausgabe 2000
by Missionsverlag der Evangelisch-
Lutherischen Gebetsgemeinschaften e. V.,
33689 Bielefeld
Titel der schwedischen Originalausgabe:
Den levande Guden
© 1995 Församlingsförlaget, Göteborg
Übersetzung aus dem Schwedischen:
Dr. Ralph und Antje Meier, 34655 Stadthagen
Druck: St.-Johannis-Druckerei, 77933 Lahr
Printed in Germany   33218/2000

Zum Geleit

Bo Giertz war für mich ein geistlicher Vater. Und er bleibt es. Die letzte persönliche Begegnung mit ihm hatte ich am 4. Juni 1994 in Göteborg. Ahnend, dass es die letzte Begegnung auf dieser Erde sein könnte, bat ich ihn beim Abschied, mich zu segnen. Er tat es mit Worten, die ich nicht mehr vergessen kann und die meinen Lebensweg und meine Lebenserfahrung seither beleuchten und deuten. Bo Giertz war ein Begnadeter, der segnen konnte, "ein Bischof voll Heiligen Geistes".

Dabei war Bo Giertz, als er am 31.08.1905 geboren wurde, keine kirchliche "Karriere" in die Wiege gelegt. Er wuchs als Atheist auf. Nicht zu Unrecht trägt seine Biographie den Titel: *"Der Atheist, der Bischof wurde"*. 1949 wurde er zum Bischof von Göteborg gewählt. Sein Hirtenbrief von damals ist auch heute noch aktuell und lesenswert ("Fundamente einer lebendigen Kirche. Sendschreiben an die evangelische Christenheit", Missionsverlag der Evgl.-Luth. Gebetsgemeinschaften e.V. und Brunnen Verlag Giessen, Neuauflage 1995). "Und etliches fiel auf den Fels" ist wohl das Buch, das die weiteste Verbreitung gefunden hat und vielen suchenden Menschen und unzähligen angefochtenen Christen zur echten Hilfe geworden ist (jetzt als "Doppelpaket" zusammen mit dem Reformationsroman "Das Herz aller Dinge" erhältlich, Missionsverlag der Evgl.-Luth. Gebetsgemeinschaften e.V. und Brockhaus-Verlag 1998).

Bo Giertz schreibt nicht nur von Gott, er "vermittelt" Gottes Gegenwart. Seine Bücher lesen bedeutet immer wieder, Gott zu begegnen, dem wahren Gott, dem lebendigen Gott, dem dreieinigen Gott. Dabei merken die Leser: Gott ist *mehr* als ein Gedanke unseres Kopfes. Gott ist *mehr* als ein Gefühl unseres

Herzens. Gott ist eine *Person*, eine anbetungswürdige Person, eine lebendige Person: Der Schöpfer, der Gesetzgeber, der Richter, der Erlöser, der Vollender. Er ist zwar unerbittlich streng in seinen Forderungen, aber er ist so überaus gnädig in seinem Erlösungswerk, in seinem Sohn, im Werk des Heiligen Geistes, im Evangelium. Für viele ist das Christentum ein Gedankensystem und die Bibel ein Produkt menschlicher Vorstellungen, die es zu analysieren gilt. Für Bo Giertz aber geht es um Realitäten und Ereignisse der Geschichte, die für die Menschen entscheidende Bedeutung haben, um etwas, was man sich nicht selbst ausdenken kann, sondern dem man *begegnen* muss.

Ich freue mich, dass auch in Deutsch sein Büchlein über den lebendigen Gott erscheint. Wer es "mit Heilsverlangen" liest, wird mit Freude gesegnet werden. Um Begegnung geht es dabei, um "seligmachende" Begegnung, um Begegnung mit dem lebendigen Gott! Möge dieses Büchlein des früheren Bischofs von Göteborg, der am 12. Juli 1998 im Alter von 92 Jahren gestorben ist, vielen Angefochtenen und „Verlorenen" zu solcher rettenden Gottesbegegnung und zu einer herzlichen Beziehung mit dem lebendigen Gott verhelfen!

Pfarrer Paul Breymaier

CH-Rämismühle/ZH
(ab 01.08.1999)

Über den christlichen Glauben

Teil 1: Der lebendige Gott

Warum glauben Menschen an Gott?

In allen Völkern und zu allen Zeiten gab es Menschen, die an Gott geglaubt haben. Aber es gibt auch Menschen, die nicht an ihn glauben. Wie lässt sich das erklären?

Viele meinen: Das kommt daher, weil Religion eine primitive Art ist, die Welt zu erklären. Deshalb verschwindet sie, wenn uns die Wissenschaft bessere Erklärungen gibt. Wenn man es nicht besser weiß, bedient man sich unsichtbarer überirdischer Mächte, um Gewitter und Mondfinsternis oder vielleicht einen Vulkanausbruch oder eine Choleraepidemie zu erklären. Zuerst glaubte man an Mächte und Geister, später an viele Götter und zuletzt, bei den „höchsten" Religionen, an einen einzigen Gott.

Aber so ist es nicht gewesen. Das gehört zu den größten Entdeckungen der Religionshistoriker in unserem Jahrhundert. Es konnte gezeigt werden, dass es den Glauben an einen einzigen Gott auch bei den primitivsten Völkern der Welt gibt. Und dieser Urmonotheismus (wie dieser Brauch genannt wird) zeigt so viele Züge, die an den Gott der Bibel erinnern, dass man zuerst glaubte, man sei auf Spuren christlicher Mission gestoßen. Doch dann fand man heraus, dass dieser Glaube der „Eingeborenen" sich auch in uralten Riten und Zeremonien wiederfindet und unmöglich aufgrund christlicher Einwirkung zustande gekommen sein konnte. Gottesglaube gibt es also schon bei den primitivsten Kulturformen, die man untersuchen konnte.

Wir werden bald sehen, warum.

Aber zuerst müssen wir uns klarmachen, dass, wenn wir über Gottesglauben reden, es

nicht um irgendeine Art von Philosophie geht.

Philosophen versuchen - oder versuchten zumindest früher - zu einem ganzheitlichen Bild des Daseins´ zu kommen, das auf bekannte Fakten und logische Gedanken gegründet war. Im Kleinen philosophieren wir alle, wenn wir uns mit Hilfe unseres Wissens Gedanken über die Welt und das Leben machen. Das ist so wie ein Puzzlespiel. Eine große Menge Wissensteilchen liegen vor uns. Kann man sie zusammensetzen, erhält man allmählich das, was wir ein Weltbild nennen. Aber es ist auch eine Tatsache, dass, wenn wir alle Teile, die wir haben, zusammensetzen, große freie Flächen auf unserem Bild bleiben. Man kann versuchen zu erraten, was sich dort befindet. Für manche ist es ganz überzeugend, dass eine Kraft oder Macht oder ein Wille mit im Spiel ist, der das Ganze plant und steuert. Viele Philosophen haben den Schluss gezogen, dass es eine „höhere Vernunft", eine „erste Ursache" oder etwas anderes geben müsse, was man mit Recht Gott nennen könnte. Oder gibt es vielleicht einen „Mr. X", wie ein prominenter Schwede erklärte, dass er an ihn glaube.

Aber das ist nicht Religion. Das sind Gedankenkonstruktionen, wie wir sie alle einmal zustande bringen. Wirkliche Religion ist etwas anderes, als was die Menschen oft mit diesem Begriff verbinden. Vielleicht ist das die Erklärung dafür, dass manche Menschen, wenn das Thema auf religiöse Fragen kommt, sofort meinen, sie wüssten Bescheid und erklären, wie sie sich die Sache vorstellen. Sie sind überzeugt, dass das hier Fragen von persönlichen Überzeugungen sind, die wir alle mit Hilfe des gesunden Menschenverstandes lösen können.

Deshalb meinen manche, dass die Wissenschaften allmählich den Glauben verdrängen. Je mehr man weiß, desto mehr „natürliche Erklärungen" gibt es heute. So braucht man am Schluss nicht mehr mit Gott zu rechnen. Aber das alles ist nicht Religion. Religion ist nämlich ein persönliches Verhältnis zu Gott. Religion beruht darauf, dass

Menschen Gott begegnet sind,
als ein Teil der Wirklichkeit, in der sie leben. Wenn ich sage, dass sie „Gott begegnet" sind, verwende ich einen Ausdruck, der sehr schwer zu verstehen ist, wenn man dies nicht selber erfahren hat. Es gibt ja solche Erlebnisse, von denen man sich kaum eine richtige Vorstellung machen kann, wenn man nicht selber dabei war. Wie fühlt es sich an, wenn man im Freizeitpark im Looping oben und unten hängt? Wie duftet Nardenöl? Wie schmeckt eine Mangofrucht? Welches Gefühl ist es, bei einem Bombenangriff im Schutzraum zu sitzen? Was erlebt man, wenn man in Zungen redet? Bei all diesen Fragen geht es um einen Teil der Wirklichkeit. Aber diese Wirklichkeit ist so speziell, dass man sich kaum eine

Vorstellung davon machen kann, wenn man sie nicht erfahren hat.

So ähnlich ist es mit der „Begegnung mit Gott". Das ist nämlich der Grund, warum es Gottesglauben auf der Welt gibt. Die Menschen kommen in Kontakt mit etwas, das sie als Wirklichkeit erleben, obwohl man es nicht sehen kann. Anstelle von etwas sollte man vielleicht besser sagen Jemand, weil es die Frage nach einem persönlichen Wesen ist. Jemand, mit dem man reden kann, jemand, der Forderungen stellt, jemand, der tadelt und richtet, aber auch hilft und tröstet. Dieses Erleben ist es, weswegen man von Gottvertrauen, Gottesgemeinschaft, Geborgenheit in Gott, Ruhe in Gott und vielem mehr, was zur Religion gehört, sprechen kann. Es dreht sich um etwas, das den Menschen die Gewissheit gibt, dass sie es mit einer Macht außerhalb ihrer selbst zu tun haben. Es ist jemand, mit dem man in Verbindung tritt.

Was diese Gotteserfahrung bedeutet

Wie man Gott erleben kann, das haben Religionspsychologen versucht, genauer zu beschreiben. Es gibt bestimmte Grundlinien, die zu allen Zeiten und in allen Kulturen vorkommen. Das eine ist, das Gefühl zu haben, vor einem Wesen zu stehen, das Respekt und Ehrfurcht einflößt, vor etwas Mächtigem und Überwältigendem, gegen das man nicht aufbegehren kann. Das andere ist das Erleben, dass wir nicht nur mit dem Höchsten, sondern auch mit dem Besten der Welt zu tun haben, etwas Gutem, zu dem wir hingezogen werden. Diese zwei Dinge gibt es in jeder echten Religion. In der Sprache der Christen heißt das „Gott fürchten und lieben".

Fragen wir weiter,

wo wir Gott begegnen,

so lehrt uns die Erfahrung, dass wir das hauptsächlich in zwei Bereichen erleben: teilweise außerhalb der eigenen Person in der Natur und teilweise im Innern im Gewissen.

Es gibt Menschen, die sagen, dass sie *ihren Gottesdienst in der Natur feiern*. Damit haben sie durchaus Recht. Das gehört mit zu den normalen religiösen Erlebnissen. Vielleicht erlebt man eine sternenklare Winternacht auf einem Schneefeld oder einen sonnigen Märztag im Gebirge oder einen Frühlingsabend, wenn es nach Birkenknospen duftet und die Drossel am Waldesrand singt. Mitten in alledem erlebt man die Nähe von jemand, dem man für all das danken kann. Das kann als vertraute, namenlose und göttliche Gegenwart beschrieben werden. Solche Erlebnisse gibt es überall auf der Welt, auch bei Menschen, die nicht Christen sind.

Der andere Bereich, in dem wir Gott erfahren, ist unser *Herz* oder *Gewissen*. Wir erleben bestimmte Dinge als schlecht und falsch. Wenn wir so handeln, fühlen wir uns schuldig. Da ist etwas, oder vielmehr jemand, der ein Urteil über uns spricht. Etwas ist zwischen uns und Gott nicht mehr in Ordnung. Wir suchen vielleicht nach einer Möglichkeit, es wieder in Ordnung zu bringen und diese Schuld zu beseitigen. Wir können erleben, wie sie weggenommen wird. Hier und in der Natur können wir jemandem begegnen, der zu uns nicht mit Worten spricht, mit dem wir aber in Kontakt kommen. Jemand, der zu Recht Forderungen stellt, die wir nicht wegreden können. Allerdings kann man sich einreden, dass das Gewissen nichts mit einer höheren Macht zu tun hat, sondern mit unseren Genen vererbt oder durch die Erziehung erlernt wurde. Man kann also zu dem Schluss kommen, dass es einen selber etwas angeht, oder man setzt sich darüber hinweg und nimmt vielleicht an, dass eventuelle Schuldgefühle auf alten Vorurteilen beruhen. Moralisch bedeutet das, dass die Menschen ein abgestumpftes Rechtsempfinden bekommen. Das kann verheerende Folgen für die Moral der ganzen Gesellschaft haben, was wir ja heute bereits spüren. Noch ernster sind die religiösen Folgen. Es wird unmöglich, Gott auf einem Weg näher zu kommen, der sonst offen gestanden hätte.

Beide genannten Weisen, Gott zu begegnen, werden in der Bibel aufgegriffen. In unserer alten Gottesdienstliturgie beginnen verschiedene Gottesdienste mit den Worten, dass Gott heilig ist und „die ganze Welt voll ist mit seiner Herrlichkeit". In einem Psalm heißt es: „Die Himmel erzählen die Ehre Gottes, und die Feste verkündigt seiner Hände Werk. Ein Tag sagt's dem andern..." (Ps. 19, 2 ff). Und im Römerbrief (2, 14) lesen wir, dass Gott sein Gesetz auch in die Herzen der Heiden geschrieben hat. Das zeigt sich u.a. darin, dass ihr Gewissen sie anklagt oder verteidigt. Es ist also vollkommen richtig, wenn jemand sagt, dass er nicht zur Kirche gehe, aber dass er doch eine Religion habe, weil er manchmal bete, seinen Gottesdienst in der Natur feiere und versuche, seinem Gewissen zu folgen. Dieser Mensch hat natürlich Recht: das bedeutet, religiös zu sein.

Religiös - aber ein Christ?

Hier müssen wir einen Moment innehalten, um die Begriffe zu klären. Menschen, die religiös sind, so wie ich es eben beschrieben habe, meinen oft, dass sie Christen sind. Sie sind doch keine „Heiden". Aber Heiden sind sie in der Tat, wenn man das Wort „Heiden" nicht so versteht, wie es zu Unrecht bei uns verstanden wird. Heiden sind keine Atheisten. Sie glauben an Gott. Sie beten und opfern und kennen die Forderungen Gottes, über die wir uns nicht ungestraft hinwegsetzen können.

Was ist es dann, das einen Menschen zum Christen macht? Was unterscheidet das
Christentum von anderen Religionen?

Es ist die Überzeugung,
dass Gott sich offenbart hat

- auf ganz besondere Weise. Nicht nur so, dass wir ihm in seiner Schöpfung begegnen können, draußen in der Natur und innen in unseren Herzen. Er hat auch in die Geschichte eingegriffen, um zu uns Menschen zu reden. Er hat uns wissen lassen, was wir sonst nie erfahren hätten. Er hat geredet und gehandelt, so dass es für uns alle von Bedeutung ist. Das hat er durch Menschen, die er ausgewählt hat, getan. Sie haben in seinem Auftrag geredet und gehandelt. Darum geht es auch in der Bibel. Dort wird außerdem davon berichtet, wie Gott sich in der Natur und in unserem Gewissen offenbart hat. In der christlichen

Sprache nennt man das „die allgemeine Offenbarung" oder auch manchmal „natürliche Theologie". Aber das ist nur ein Bruchteil von dem, was die Bibel zu sagen hat. Sie handelt von dem, was wir nicht von uns aus wissen könnten, wenn Gott nicht in die Weltgeschichte eingegriffen und das gesagt und getan hätte, was wir „Offenbarung" nennen.

Eigentlich ist es ja ganz natürlich, dass sich Gott offenbaren sollte. Wenn er es war, der uns erschaffen hat und sich etwas dabei gedacht hat, so wäre es ja doch verwunderlich, wenn er uns nur uns selbst überlassen hätte und wir raten müssten, worin der Sinn des Lebens liegen würde.

Wenn Gott sich nun offenbart hat,

was sollte das für Konsequenzen haben?

Es ist verwunderlich, dass es Menschen gibt, die damit rechnen, dass es Gott gibt, ohne daraus für ihr Leben Konsequenzen zu ziehen. Gottes Existenz ist für sie vor allem ein interessanter und fesselnder Gedanke, so ähnlich wie die Theorien, dass es vielleicht auf anderen Planeten im Weltraum lebendige und intelligente Wesen gibt.

Für andere ist es ein Gedanke der Geborgenheit und des Wohlbefindens. Sie beten ihr Abendgebet und erwarten, dass Gott sie und ihre Angehörigen beschützt. Sie haben ihren „Kinderglauben" bewahrt. Sie meinen, dass sie alles wissen, was sie wissen sollten. Deutliche Spuren im Leben hinterlässt es kaum.

Aber wenn es Gott nun wirklich gibt? Wenn er es ist, der mir mein Leben gegeben hat und einen bestimmten Plan mit mir hat? Deshalb sollte ich eigentlich alle Kräfte einsetzen, um herauszufinden, was ich nach seinem Willen aus meinem Leben machen soll. Es sollte für mich höchste Priorität haben, mehr über Gottes Gedanken in Blick auf mein Leben, das ich jetzt zu leben habe, herauszufinden.

Es gibt Menschen, die über diese Dinge mehr wissen *wollen*. Sie bekommen ein Gefühl der Unlust, sobald darüber gesprochen wird, was Gott sich in Bezug auf ihr Leben wünschen könnte. Sie sagen gewöhnlich, dass man ja immer noch nichts Genaues über Gott weiß. Es gibt ja so viele verschiedene Meinungen. Das einfachste ist wohl, Gott Gott sein zu lassen und jeden nach seinem Glauben selig werden zu lassen. Es gibt sogar solche, die meinen, es stünde so in der Bibel. Aber da steht gerade das Gegenteil. Da steht, dass niemand den Vater ohne den Sohn kennt und der Sohn sich dem offenbart, der den Vater ehrt. Da steht, dass der Sohn der Weg zu Gott ist. Niemand kommt zu Gott, außer durch ihn.

Was wir nun auch meinen, so sollten alle, die glauben, dass es Gott gibt, sich darin einig sein, dass es wichtig ist zu wissen, wer er ist und was er will. Wenn er wirklich derjenige ist, der über alles erhaben ist und der Herr über alles ist, dann sollten wir ihn irgendwo ganz oben auf die Liste dessen setzen, was wir herausfinden sollten. Auf allen anderen Gebieten hält man sich ja an die geltenden Regeln. Wenn man sich um seine Gesundheit sorgt, sollte man bestimmte Dinge wissen, um nicht irgend etwas falsch zu machen. Das ist vergleichbar mit Gott und dem Sinn des Lebens. Man sollte sich nicht mit einigen vagen Vermutungen zufrieden geben. Es ist so, wie ein Greis sagte: „Lebt man ohne Uhr, ohne Kalender und ohne Religion, so lebt man aufs Geratewohl."

Das offenbare Risiko ist dabei, dass es sich eines Tages zeigen kann, dass ich mein Leben ganz anders gelebt habe, als gedacht war, als ich das Leben bekam. Stell dir einmal vor: ich lebe ganz anders, als Gott es sich gedacht hat, als er mich geschaffen hat? Wenn ich mich nicht darum kümmern würde, es in Ordnung zu bringen, so wie Gott es uns tatsächlich hat wissen lassen, damit wir nicht in die Irre gehen sollten?

Was ist es denn dann, was Gott uns hat wissen lassen?

Es ist richtig, dass es viele verschiedene Religionen gibt und sie teilweise sehr unterschiedliche Antworten auf diese Fragen geben. Aber das ist kein Grund, die Fragen beiseite zu legen. Es gibt ja auch sehr viele politische Parteien mit verschiedenen Programmen. Das ist noch kein Grund, die ganze Politik zu verdammen und nicht mehr wählen zu gehen. Dass es verschiedene Meinungen und Theorien gibt, bedeutet nicht, dass sie alle gleich falsch sind. Es gibt ja Dinge, die wahr und richtig sind. Wenn es um wichtige Fragen geht, sollten wir sehr gründlich untersuchen, was richtig sein könnte.

An diesem Punkt kommt es also darauf an,

was Gott mir sagen will.

Wie soll ich vorgehen, um etwas darüber zu erfahren?

Für den, der in einem christlichen Land lebt, sollte die Antwort auf der Hand liegen. Die Religion, die die

16

Grundlage unserer westlichen Kultur ist, gründet auf der Überzeugung, dass Gott in die Weltgeschichte eingegriffen hat, damit wir etwas über ihn und seinen Willen für unser Leben erfahren. Was er gesagt und getan hat, wird in der Bibel beschrieben. Die Botschaft wird über viele Generationen und seine Kirche weitergegeben. Millionen über Millionen Menschen haben diese Botschaft gehört und sie ernst genommen. Das bedeutet, dass sie ihnen Antworten auf ihre Fragen und einen neuen Lebensinhalt gegeben hat. Wäre es nicht so gewesen, hätten wir heute keine christliche Kirche mehr. Das sollte ein Grund sein, sich Zeit zu nehmen und zu hören, was das Christentum zu sagen hat.

Aber das weiß man ja schon, oder etwa nicht?

Ich bin mir der Sache nicht so sicher. Oder kürzer: Meine Erfahrung sagt, dass die meisten, die der schwedischen (und deutschen) Kirche angehören, die grundlegenden Wahrheiten des Christentums nicht mehr kennen. Nimm zum Beispiel die, die fragen: Was soll ich tun, um das ewige Leben zu bekommen?

Was ist am Wichtigsten, wenn ich Christ werden will?

Warum gibt es so viel Böses auf der Welt, wenn Gott gut ist?

Das sind wesentliche Fragen. Aber es ist auffallend, wie selten man gute Antworten darauf bekommt, auch von denen, die meinen, dass sie nicht mehr über das Christentum lernen brauchten als das, was sie schon wissen.

Lasst uns mit der zweiten Frage anfangen. Wie bekommt man eigentlich einen christlichen Glauben? Die meisten haben so ein Gefühl, dass es mit einer Art innerem Erlebnis zusammenhängt. Es ist nur verständlich, dass sie das in Zusammenhang mit etwas bringen, das sie selber erlebt haben, wenn sie Gott einmal in seiner Schöpfung erlebt haben. Also warten sie wieder auf solche Erlebnisse, öfter, stärker und richtig überzeugend. Aber das geschieht nicht. Und deshalb „können sie nicht glauben".

Hier hat der christliche Glaube etwas Wesentliches hinzuzusetzen.

Die wichtigste Begegnung mit Gott ist nämlich

eine Begegnung mit Jesus Christus,

und diese Begegnung wird durch das Bibelwort vermittelt. Gleichwie Gott uns in der Natur und in unserem Gewissen begegnen kann, so tut er es auch in Jesus Christus. Und da macht er es viel klarer und deutlicher. Jesus selbst konnte sagen: „Wer mich sieht, der sieht den Vater." (Joh. 14, 9). Oder am Anfang des Hebräerbriefes in der Bibel steht: Christus „ist der Abglanz von Gottes Herrlichkeit und das Ebenbild seines Wesens." (Hebr. 1, 3). Das ist es, was seine Jünger entdeckten und was ihnen ihren Glauben gab. Hier ist Gott in unsere Welt getreten und hat wirklich gezeigt, wer er ist und was er will. Das ist die Begegnung, die heute durch die Worte der Bibel vermittelt wird. Die Bibel handelt ja nicht nur von Jesus, aber Jesus ist der Kern der Botschaft, um den alles andere kreist, entweder als Vorbereitung oder als Folge. Die Bibel gibt uns nicht nur Informationen über Jesus, über die Evangelien hinaus ist Jesus selbst gegenwärtig, überall, wo sich Menschen treffen, um auf ihn zu hören. Deshalb lautet der bewährte Rat für alle Suchenden: Komm und höre, bleibe bei uns, lies selbst. Paulus sagt sogar: „Der Glaube kommt aus dem Hören" (Röm. 10, 17), nämlich aus dem Reden Jesu im Evangelium.

Es ist also nicht verwunderlich, dass viele Menschen darüber klagen, dass es „so schwierig ist, zu glauben". Sie ahnen, dass es Gott gibt. Sie haben vielleicht als Kind an ihn geglaubt, aber jetzt wagen sie nicht mehr zu sagen, dass sie glauben. Was sie nicht bedacht haben, ist, dass das damit zusammenhängen kann, dass sie nicht das Wort von Jesus gehört haben, das Wort, das es möglich macht, ihm zu begegnen und ein Jünger zu werden. Wenn der Glaube an Gott also darauf beruht, *Gott begegnet zu sein*, so beruht der christliche Glaube darauf, dass wir Menschen Jesus Christus begegnet sind und durch ihn mit Gott in Verbindung kommen, wie wir es ohne ihn nicht hätten tun können. Der Glaube wird durch das Evangelium geschaffen, durch Jesu Worte. Deshalb hat das Wort, die Bibel, im Christentum den zentralen Platz. Es ist also nicht verwunderlich, dass der Glaube bei Menschen, die nie in die Kirche gehen, verwelkt und stirbt. Das ist etwas Tragisches mit Menschen, die gerne glauben möchten, aber nie auf den Gedanken kommen, zu hören, was Gott in der Bibel zu sagen hat und was er über das Leben sagt.

Was nicht stimmt

Wenn man sich ernsthaft mit dem Christentum beschäftigt, macht man eine Entdeckung, die viele verwirrt. Sie hatten vielleicht geglaubt, dass sie Antworten auf ihre wichtigsten Fragen bekommen würden, wenn sie an Gott glauben und mit ihm in Verbindung getreten sind, z.B.

durch das Gebet. Dass Gott die Liebe ist, ist für sie selbstverständlich. Es ist ein gutes Gefühl, sich ihm anzuvertrauen und sich auf seine Hilfe verlassen zu können. Aber dass es etwas Wesentliches in unserem Verhältnis zu Gott geben könnte, was nicht in Ordnung ist, das ist für viele gottesgläubige Menschen ein völlig fremder Gedanke.

Es gibt viele Dinge im Christentum, die manche schwer verstehen, obwohl sie der Kirche gegenüber sonst sympathisch eingestellt sind. Warum soll man unseren Gottesdienst mit einem Sündenbekenntnis beginnen? Man ist doch der Meinung, dass man anständig und ehrlich lebt. Warum wird in den Texten so viel davon geredet, *erlöst* zu werden? In den neuen Übersetzungen heißt es an vielen Stellen, *gerettet* werden. Das müsste ja bedeuten, dass wir von einer Gefahr bedroht werden oder in ein Unglück geraten sind. Nein, das kann man nicht verstehen. Man hat keinen Krebs, man wird nicht vom Konkurs bedroht. Wenn man 200 Kilometer auf der Autobahn fährt, hat das sicherlich seine Risiken, und man betet vielleicht ein kleines Gebet um Bewahrung. Aber solche Risiken sind wohl die Ausnahme. In der Bibel geht es aber um eine Gefahr, die uns wirklich alle bedroht, eine Gefahr, die „verloren gehen" genannt wird. Hier sollte man nun wirklich ernsthaft zuhören. Wenn es uns schwerfällt, zu verstehen, was Jesus sagt, so beruht das oft darauf, dass wir uns schon im voraus ein Bild von Gott und seinen Absichten gemacht haben, das aber nicht stimmt. Dass Gott uns liebt, ist wohl richtig. Er liebt uns faktisch viel mehr, als wir jemals ahnen können. Es ist etwas anderes, was in dem Bild nicht stimmt. Es ist das Bild von einem Gott, der *immer gut und allmächtig* ist, der allein über die ganze Welt herrscht und die Ursache ist für alle Dinge, die geschehen. Das Bild ist nicht richtig.

Die Wahrheit ist, dass es

auch eine böse Macht gibt.

Gott hat einen Gegner. Man braucht nur ein Stück in den Evangelien zu lesen, dann sieht man, dass Jesus wusste, dass Satan eine Wirklichkeit ist. Jesus sah es als seine Aufgabe an, Satans Macht über uns Menschen zu brechen, so dass wir aus dem Unglück, in das wir hineingeraten sind, gerettet werden könnten.

Die wichtigste Frage für Jesus war nicht die, die die Menschen so oft beschäftigt hat: Woher kommt Satan und wie konnte er böse werden? In der Bibel gibt es darüber nur Andeutungen. Sie sagt uns ungefähr folgendes: Satan ist nicht ewig, so wie Gott. Er wurde einmal wie andere Geisteswesen geschaffen, aber er wurde ein Aufrührer. Er hatte ja, wie auch wir Menschen, das bekommen, was die Voraussetzung für ein selbstständiges, denkendes Wesen mit eigener Verantwortung ist, nämlich einen freien Willen. Aber das beinhaltete auch die Möglichkeit, das Böse zu wählen und selbst böse zu werden. Diesen Weg ging Satan, und seitdem ist sein ganzes Ziel, zu vernichten und Gottes gute Schöpfung zu zerstören. Auch uns Menschen. Und an diesem Punkt hat er große Fortschritte gemacht.

Die wichtigste Frage

ist also wirklich die Frage danach, gerettet oder erlöst zu werden, wie es in der christlichen Sprache heißt. Das bedeutet, dass man in ein richtiges Verhältnis zu Gott kommt. Jesus Christus spielt dabei die entscheidende Rolle, er ist es, der uns hilft, das richtige Verhältnis zu Gott zu bekommen. Darüber werde ich in einem späteren Kapitel ausführlicher schreiben. Aber schon hier musste ich ein paar Worte darüber sagen, wie wichtig diese Dinge im Christentum sind, denn viele meinen, wenn man nur an Gott glaubt, so fügt sich der Rest von selber. Würde man jetzt die Menschen bitten, auf die erste der drei Fragen, die wir vorhin stellten, zu antworten, nämlich die Frage nach dem ewigen Leben, würde die Antwort wohl lauten: Glaube an Gott und halte seine Gebote, oder so etwas in dieser Weise. Aber das Neue Testament sagt: *Glaube an Jesus, so wirst du erlöst.*

Dass es etwas ist, was sich als Glauben an den allzeit guten Gott und seine Vorsehung

zusammenfassen lässt, das zeigt sich gewöhnlich dann, wenn der Glaube mit der harten Wirklichkeit kollidiert. Es geschehen Dinge, die unvereinbar mit dem Glauben an einen liebenden Gott, der die ganze Welt regiert und alles in Ordnung bringt, sind. Es können Unglücke kommen, die mich und meine Familie hart treffen. Oder es kommen Fragen über Katastrophen in der Welt, wie man es in der Zeitung liest oder im Fernsehen sieht. Wie kann Gott das zulassen?

Viele haben ihren Glauben an Gott gerade aufgrund solcher Fragen aufgegeben. Das ist ein sicheres Zeichen dafür, dass sie nie verstanden haben, was das Evangelium sagt. Sie haben nicht verstanden, dass wir in einer Welt leben, in der viel geschieht, was Gott nie gewollt hat.

Eigentlich ist es verwunderlich, dass sie es nicht verstanden haben. Jeder von uns kann doch feststellen, dass auch wir tun können, was Gott nicht will. Und merken, dass es tagtäglich um uns herum geschieht, wenn wir fragen: Warum verhindert Gott das nicht? Gehören da viele Gedanken dazu, andere Antworten zu finden? Gott *könnte* all das Böse auf der Welt verhindern. Aber nur auf die eine Weise, nämlich indem er die bösen Menschen wegnehmen würde. Diese Macht hat er. Jesus sagt uns, dass er es auch einmal tun wird. Dann kommt das große Gericht. Aber er tut es noch nicht. Es gibt noch Menschen, die gerettet werden können, Menschen, die heute noch nicht glauben, noch nicht aus der Vergebung leben und nicht zu Gott gehören, aber es eines Tages tun werden. Deshalb zögert Gott die große Abrechnung hinaus, die für alle Zeiten dem Bösen, das nun in der Welt ist, eine Grenze setzen wird.

Manche bilden sich vielleicht ein, dass Gott die Probleme der Welt lösen könnte, indem er einige der größten Übeltäter beseitigen könnte. Sie vergessen dabei, dass die meisten der täglichen Leiden von ganz normalen Sündern zugefügt werden. Solche, die am Frühstückstisch zanken, die sich anlügen, die meinen, es ist witzig, sich über einen Arbeitskollegen lustig zu machen, solche, die anderen die Arbeit schwer machen oder dafür sorgen, dass sich jemand einsam und schlecht fühlt. Wenn Gott heute die Übeltäter wegnehmen würde, die Anderen etwas zu Leide tun wollen oder es noch tun werden, wer würde dann übrig bleiben? Dass er das nicht tut und uns leben lässt, ist seine große Barmherzigkeit. Dass wir Menschen diese Barmherzigkeit missbrauchen und noch mehr Böses tun, ist nicht Gottes Fehler. Die paradoxe Wahrheit ist, dass es so viel Böses auf der Welt gibt, weil Gott so gut ist, dass er nicht das Gericht über alle kommen lässt, die Leiden verursachen.

Das Böse gibt es nicht nur bei uns Menschen. Es kommt auch in der Natur vor. Die ganze Schöpfung Gottes war am Anfang gut, aber auch sie trägt heute Spuren des Bösen. Auch darüber spricht die Bibel, aber das ist eine verwickelte Geschichte und es würde zu weit führen, sie hier zu erklären. Wir wollen es dabei bewenden lassen, dass es etwas Böses in der Welt gibt, das nicht von Gott kommt.

Es ist also ein Problem,

wie wir mit dem Bösen zurechtkommen können.

Die natürliche Antwort haben wir alle in unseren Herzen: Wir müssen aufhören, Böses zu tun. Wenn wir es nur bleiben ließen, wäre die Sache in Ordnung. Wir hören, dass Jesus sagt: Tut Buße. Das verstehen die Menschen als eine Aufforderung zur Besserung, verständlicherweise. Was sollte es sonst bedeuten?

Aber es heißt in der neuen Übersetzung, auch in anderen modernen Übersetzungen, nicht „Tu Buße", sondern „Kehre um". Es geht nämlich nicht nur darum, sich in dem einen oder anderen Punkt zu bessern, sondern einen ganz neuen Weg einzuschlagen, seine Lebensrichtung zu ändern.

Es geht nicht um das eine oder andere Unrecht, das wir *nicht* tun sollen. Es ist viel wichtiger, was wir tun *sollen*. Das ist das, was man entdeckt, wenn man etwas weiter kommt in dem, was wir Offenbarung nennen und man Jesus kennen lernt und anfängt zu verstehen, wer Gott ist. Dann werden wir immer wieder hören, dass das wichtigste Gebot ist, Gott über alles andere zu lieben. Danach folgt das Gebot: Du sollst deinen Nächsten lieben wie dich selbst.

Wenn wir nun aufrichtig versuchen, danach zu leben, entdecken wir, wie tief das Böse in unserem Wesen verankert ist. Wir versuchen vielleicht, es mit den Wurzeln herauszuziehen, aber es geht nicht. Es gibt etwas in uns, das die Bibel „Fleisch" nennt oder „den alten Menschen". Das ist eine selbstverständliche, uns angeborene Ichbezogenheit, die verursacht, dass wir an uns selber denken, uns behaupten wollen, uns lieben, mehr als Andere und oft auf Kosten Anderer. Wir kennen Neid, zahlen etwas heim, wollen die größten Stücke, die besten Plätze und die leichteste Arbeit. Wir können gut über andere lachen, aber werden böse, wenn andere über uns lachen.

Wir tragen also etwas in uns, das nicht zu Gottes Wesen und seinem Willen passt. Und hier beginnen wir wohl zu ahnen, wo das Hauptproblem liegt. Kann so jemand wie ich wirklich Gottes Kind werden?

Aber Gott ist doch wohl gut und barmherzig?

Ich meine diese Frage von einem erstaunten Leser zu hören, und ich kann nur antworten: Du hast natürlich Recht, Gott ist barmherzig. Barmherziger, als du jemals verstehen kannst. Er liebt uns Sünder wirklich. Er schenkt uns das Leben, damit wir seine Kinder werden, Kinder, zu denen er unendlich gut sein möchte, bis in alle Ewigkeit. Deshalb war Gott so traurig, als der Aufrührer uns sein Zeichen einprägte und seinen Fuß in die Tür unseres Herzens stellte. Er hinterließ Spuren, die nicht mehr verschwinden. Es gibt etwas, was nie in Gottes Reich kommen kann. Und das tragen wir alle mit uns in unserem Wesen. Gott ist gut, vollkommen gut. Das, was böse ist, kann nicht in seiner Nähe leben. Gott musste Abstand halten und damit warten, die Macht zu übernehmen und sein Reich aufzurichten, so wie er es jetzt mit seiner Welt tut. Oder das Böse musste gerichtet werden und vergehen, vernichtet von Gottes Herrlichkeit und Liebe (beides gehört zusammen und darf nie getrennt werden).

Das war das wirkliche Problem, worüber die Bibel berichtet, das nur auf eine Weise gelöst werden konnte: dadurch, dass Gott „seinen eingeborenen Sohn gab, damit alle, die an ihn glauben, nicht verloren werden, sondern das ewige Leben haben." (Joh. 3, 16).

Das Evangelium ist also keine allgemeine Lehre darüber, dass Gott gut ist, sondern es sagt uns, was Gott in seinem Gutsein für uns getan hat, damit wir seine Kinder werden könnten. Dass Gott gut ist, kann man in fünf Minuten lernen. Aber um diese Güte wirklich verstehen und annehmen zu können, muss man Jesus Christus kennenlernen und sein Jünger werden. Wie das geht, werden wir an anderer Stelle des Buches besprechen. Hier habe ich nur versucht, zu zeigen, warum der christliche Glaube nicht dasselbe ist, wie an Gott zu glauben und zu versuchen, so gut zu leben wie man kann, wie es das Gewissen erfordert. Es gibt eine Offenbarung Gottes, die größer ist als alles, was man ahnen kann, wenn man Gott in der Natur oder seinem eigenen Rechtsgefühl begegnet, eine Offenbarung unendlich wichtiger Sachen, die wir sonst nie erfahren hätten und ohne die wir nicht zu Gott kommen können. Das ist die Offenbarung, die wir in der Bibel haben, konzentriert im Evangelium von Jesus Christus. Das ist die Botschaft, auf die wir hören sollen. Das ist der große Mangel, die folgenschwere Leere im Leben vieler netter Menschen, dass sie direkt neben dem Evangelium gelandet sind, außer Reichweite für das Entscheidende, das Gott ihnen zu sagen hat. Die Summe all dessen, was in diesem Kapitel gesagt wurde, ist das gleiche, was ein Jünger einmal seinem skeptischen Freund gesagt hat: Komm und sieh. Das heißt: Komm und hör. Pass auf und lies. Das hier ist wert, behalten zu werden.

Die Schwierigkeit
ist mir wohl bewusst. Ich war selbst ein überzeugter Atheist, der allmählich ein überzeugter Christ wurde. Ich wurde Christ durch die Begegnung mit Gott in seiner Offenbarung, also schließlich durch die Begegnung mit Jesus im Bibelwort. Aber gerade deswegen bin ich mir der Schwierigkeiten bewusst. Nicht immer begegnet man im Gottesdienst der Botschaft, die Gott uns in der Bibel

gegeben hat. Und sogar das, was richtig ist, kann manchmal so gesagt werden, dass es, besonders am Anfang, unendlich schwer zu verstehen ist. Man kann auch viel durch die Texte, Psalmlieder, Gebete, Musik und Stille gewinnen, aber selbst das geht nicht immer. Man sollte nach einem ersten missglückten Versuch nicht aufgeben. Wenn man aufmerksam versucht, das Evangelium von Jesus zu hören, so wird man es auch finden. Aber man wird auch merken, dass das, was man im Gottesdienst hört, nicht reichen wird. Ein Christ ist immer auch ein „Leser", der sich selber mit der Bibel und einem Andachtsbuch bekannt machen will. Das Neue Testament gibt es heute in einigen modernen Übersetzungen, in leicht verständlicher Sprache, und das Angebot von Andachtsbüchern ist so groß, dass es schwierig ist, auszuwählen. Das Beste ist vielleicht, einen christlichen Freund um Rat zu fragen, jemand, der selbst etwas gefunden hat und weiß, welches Buch sowohl Inhalt als auch Erbauung bietet. Man liest ja christliche Bücher nicht (jedenfalls sollte man es nicht), um herauszufinden, was andere Menschen über Gott sagen, sondern um Hilfe zu bekommen, besser zu verstehen, was Gott in seinem Wort sagt. Je mehr man das tut, desto deutlicher versteht man den Unterschied zwischen „an Gott glauben" und „nicht an ihn glauben". Der, der selbst Atheist war, weiß das am besten.

Eine Welt ohne Gott
wird zu einer Welt ohne Sinn und Ziel. Sie muss ja durch Zufall entstanden sein. Alles, was ich um mich herum sehe, ist das Resultat eines Spiels blinder Naturmächte.

Ich selbst bin nur das Endprodukt einer langen Entwicklung, die kein Ziel und keinen Sinn hat. Es ist einfach so geworden. Aber im Lauf der Entwicklung habe ich dieses schwer zu erklärende Bewusstsein bekommen, das bewirkt, dass einige Kilo Kohlenstoff, Säure und andere tote Grundstoffe wissen, dass sie existieren und einen Organismus ausmachen. Dieses mein Bewusstsein ist ein kleiner Funken, der in tiefer Dunkelheit angezündet wird und bald wieder für immer gelöscht wird. Es gibt keine vernünftige Berechtigung, ihn anzuzünden. Den einzigen Sinn für mein Leben kann ich bekommen, wenn ich ihn mir selber gebe. Ich habe keine ewigen Gesetze zu befolgen, wenn es um Recht und Unrecht geht. Es gibt nichts, was aus sich selbst gut oder schlecht ist, keine höhere Macht, die mich in Frage stellen könnte. Ich habe mir selber die Richtlinien gegeben, in denen ich denke, fühle oder aus denen ich auswähle. Vielleicht ziehe ich es vor, gar keine Richtlinien zu haben, sondern von Fall zu Fall zu bestimmen, was am Besten passt.

Der Glaube, dass es keinen Gott gibt, kann als angenehme Befreiung erlebt werden. Es beinhaltet ja, dass es keinen himmlischen Gesetzgeber gibt, der Rechenschaft von mir fordern kann. Kann ich es vermeiden, mit den Gesetzen des Gewissens zu kollidieren, so kann ich tun, was ich will. Ich bin es, der bestimmt, was ich mit meinem Leben machen will. Das Leben hat keine Bedeutung außer der, die ich ihm gebe.

Das ist die große Verlockung des Atheismus. Ich bin einsam, Herr über mein eigenes Schicksal, frei, selber zu bestimmen, was ich aus meinem Leben machen will.

Aber hier liegt auch der Ursprung mancher Tragödie. Es steht fest, dass den meisten nicht geglückt ist, was sie sich erträumt haben. Es kann an Krankheiten liegen, an Unglücken, schlechten Zeiten und Arbeitslosigkeit, ausgebliebenen Beförderungen, privaten Konflikten, wirtschaftlichen Problemen, tragischen Ehen oder Kindern, die mehr Sorge als Freude bereiteten. Es kann ein sehr verbitterter Unglücklicher werden. Und wenn nun dies das Resultat dieses kurzen Lebens, was man ja bekommen hat, um zu leben, ist? Es ist nicht verwunderlich, dass manche klagen und meinen, dass das Leben sinnlos ist.

Sie haben sogar recht. Das Leben, das sie gelebt haben, das Leben ohne Gott, ist im Grunde sinnlos. Es ist ein Leben, in dem man den Sinn, die Ziele und die Möglichkeiten, die von Anfang an in unserem Leben sind, verloren hat.

Warum bekam ich das Leben?

Auf diese Frage hat die Bibel eine sehr eindeutige Antwort. Gott ist der Ursprung allen Lebens. Er ist selbst von Ewigkeit her, er allein. Alles andere ist durch ihn entstanden. Er ist es, der das Leben und die Existenz in sich trägt. Das hätte ihm genügen können. Der Dreieinige besaß in seiner Vollkommenheit das absolute Glück und die Harmonie. Aber er gönnte auch anderen das, was das Größte und Fantastischste von allen Vorzügen ist: zu existieren, zu sein. Er teilte das, was er alleine besaß, das Leben. Und uns Menschen gab er noch mehr, nämlich das Privileg, ihm ähnlich zu sein: wir wurden Personen,

Individuen mit einem eigenen Willen, eigener Verantwortung und dem Vorrecht, entscheiden zu können. Alles, damit wir seine Kinder werden und auf seine Liebe antworten.

Versucht man, eine kindlich einfache Antwort auf die Frage zu geben, warum es uns gibt, so könnte man antworten: Gott wollte Söhne und Töchter haben, die sein Glück teilten, das Leben mit ihm teilten und die Liebe erlebten, die sein Wesen ist. Jesus sagt das am Schluss seiner Abschiedsrede, als er für die Sünder betet. Er will, dass sie sind, wo er auch ist, zu Hause beim Vater, damit sie die „Herrlichkeit sehen, die du mir gegeben hast, denn du hast mich geliebt, ehe der Grund der Welt gelegt war" (Joh. 17, 24). Wir sollen das nicht nur sehen, wir sollen damit erfüllt sein, darin leben, „auf dass die Liebe, mit der du mich liebst, in ihnen sei und ich in ihnen." (Joh. 17, 26 b).

Das ist also der Sinn. Lasse ich Gott fallen, so fehlt etwas Wesentliches. Ich habe selber das Ziel und die Möglichkeiten, die in mich gelegt wurden, verloren. Deshalb versucht Gott, mich zurückzuholen. Er kann damit beginnen, mir noch mehr Liebe zu erweisen und alles gelingen zu lassen. Aber wenn es nur dazu führt, dass ich glaube, dass ich es gut ohne ihn schaffe, kann er auch andere Wege anwenden und mich erleben lassen, dass meine eigenen Pläne durchkreuzt werden. Aber auch das tut er aus Liebe. Wir merken das, wenn wir uns ihm ernsthaft zuwenden.

Die Menschen missverstehen so oft Gottes Liebe zu uns. Sie fassen es fast als Pflicht auf, die Gott zu erfüllen hat, etwas, was wir ausnützen können. Da sieht man Gott an, wie ein eigennütziger Mensch seinen Geliebten ansieht: als eine Möglichkeit, seine Wünsche und Bedürfnisse erfüllt zu bekommen. Man erwartet Geschenke oder Dienste. Man erwartet, akzeptiert zu werden, mit seinen Launen und Gewohnheiten. Man stellt ungeniert hohe Ansprüche an die Liebe des anderen. Und wenn man seine Wünsche nicht erfüllt bekommt, so fragt man vorwurfsvoll: Liebst du mich nicht mehr?

Aber so ist es nicht mit Gottes Liebe. Sie ist nicht so, dass ein eigennütziger Mensch sie ausnützen kann, um seine eigenen Pläne verwirklichen zu können. Gottes Liebe ist kein Vorrat, auf den ich zurückgreifen kann, wenn ich ein besonderes Bedürfnis oder einen Wunsch habe. Sie ist etwas, was man annehmen muss, ganz und vollständig, etwas, was uns ausfüllt, in Besitz nimmt, in uns wirkt und uns formt.

Der wirkliche Glaube an Gott

ist also nicht nur eine Überzeugung, dass es Gott gibt, sondern eine Gemeinschaft mit Gott, die täglich mit Gott zu tun hat.

Zuallererst beinhaltet er eine feste Gewissheit, dass das Leben einen guten Sinn hat. Ich bin nicht durch einen Zufall entstanden. Gott wollte, dass ich dieses Leben bekomme. Er wusste, welche Gene vereinigt werden sollten, so dass sie der Ursprung meines Körpers wurden. Er hatte eine Absicht damit, dass ich gerade mit den Anlagen ausgestattet wurde, die ich bekam. Er weiß, wie er sie anwenden will. Ich habe keinen Grund, mich wichtig zu fühlen, wenn ich die gleichen Sachen besser mache als andere. Es ist eine Gabe, die ich bekommen habe, zur Freude und zum Nutzen für andere. Und gibt es etwas, was ich nicht so gut kann wie andere, muss ich nicht neidisch sein oder mich minderwertig fühlen. Es ist nicht das, was ich tun soll. So wie ich geschaffen bin, kann ich zur Freude und zum Segen werden, und es Gott überlassen, mir seinen Willen zu zeigen.

Zu einem christlichen Gottesglauben gehört auch die feste Gewissheit, dass ich unter der vollkommenen Vergebung lebe. Es gibt etwas Böses in mir, das nicht zu Gott kommen will. Dagegen muss ich kämpfen. Das muss aufgedeckt, bekannt und vergeben werden. Deshalb ist es so wichtig mit Christus und der Kirche, mit Gottes Wort und dem Gebet. Aber für einen Christen ist die Grundstimmung im Leben nicht ein Gefühl von Mangel und Angst, schließlich in Gottes strengem Gericht zurückgewiesen zu werden, sondern eine feste Überzeugung, dass Christus mich liebt und für mich gestorben ist. Das innere Wesen des Daseins ist nicht eine geistlose Maschinerie, gesteuert von blinden Naturgesetzen, so wie der Unglaube sich die Sache vorstellt. Aber es ist auch kein starres Moralgesetz und ein strenger Gott, der über uns wacht. Nein, das Innerste des Daseins ist ein schlagendes Vaterherz, das wärmt und Leben gibt und nicht müde wird und uns nicht verlässt.

Zum christlichen Glauben gehört schließlich die Gewissheit, dass Gott kommt, um zu siegen. Ganz sicher stehen wir mitten in einem harten Kampf zwischen Gott und Satan, vielleicht im letzten Stadium, aber es gibt keinen Zweifel darüber, wer der Sieger sein wird. Und genauso sicher ist es, dass der, der an Gott glaubt - den lebendigen Gott, der der Gott und Herr unseres Herrn Jesus Christus ist - und sich zu ihm hält, nichts zu fürchten hat. Gott weiß, was er tut. Christus kennt die Seinen. „Weder Tod noch Leben, ... weder Hohes noch Tiefes noch eine andere Kreatur kann uns scheiden von der Liebe Gottes, die in Christus Jesus ist, unserem Herrn" (Röm. 8, 38 ff). So ist der Glaube an Gott, den offenbarten Gott.

Es gibt noch viel mehr darüber zu sagen. Deshalb schließe ich diesen Teil mit einem Wort aus dem letzten Kapitel der Bibel: „Wen dürstet, der komme; und wer da will, der nehme das Wasser des Lebens umsonst." (Offb. 22, 17).

Teil 2: Warum gerade Christus?

Das Entscheidende des Christentums
ist der Glaube an Christus. Von Christus hat es seinen Namen. Fragt man, was das Christentum von anderen Religionen unterscheidet, mit denen es soviel gemeinsam hat, z.B. das Judentum und der Islam, so ist es der Glaube an Christus. Es ist die Überzeugung, dass Jesus Christus Gottes Sohn war, die endgültige Offenbarung von Gottes Wesen und sein entscheidender Eingriff in die Weltgeschichte. Es ist die Überzeugung, dass Gott durch Christus ein Werk vollbracht hat, das eine bleibende Bedeutung für alle Völker, für alle Menschen und alle Zeiten hat. Der christliche Glaube ist also der Glaube an Christus. Gerade an diesem Punkt kann man prüfen, ob es um das unverfälschte Christentum geht oder nicht.
Aber warum? Wie kann ein einzelner Mensch, der auf der Erde gelebt hat, so eine durchgreifende Bedeutung haben?

Warum gerade Jesus Christus?
Genau das erklärt uns die Bibel. Sie beginnt mit einem Bericht darüber, dass Gott die Welt geschaffen hat und seine Schöpfung war gut. Aber in diese gute Schöpfung ist etwas Böses hineingekommen. Das Menschengeschlecht ist nicht so, wie es sein könnte und sein sollte. Die Menschen haben sich von dem Gott entfernt, der unser Vater ist. Gott war immer damit beschäftigt, seine Kinder zurückzugewinnen. Er ist einem Plan gefolgt, der in den Hauptzügen in der Bibel aufgezeichnet ist.

Manchmal kann ein Leser meinen, das Alte Testament beinhalte nur ein Wirrwarr von Ereignissen und Menschenschicksalen, Krieg und Konflikten ohne tiefere Bedeutung. Aber durch all dies geht wie ein roter Faden der Bericht von dem, was Gott getan hat, das, was man auch die Heilsgeschichte nennt.

Wir hören, wie Gott einen einzelnen Mann ruft, Abraham. Er ruft ihn heraus aus seinem Land und Volk und verspricht ihm, durch ihn etwas zu tun, was ein Segen für alle Völker werden soll. Er selber muss als Fremdling in einem Land wohnen, das seine Kinder bekommen sollen. Seine Nachkommen landen durch wunderliche Schicksale in Ägypten und werden die Sklaven des Pharaos. Aber später greift Gott ein und lässt sie durch Mose in die Freiheit führen. Und jetzt beginnt es klar zu werden, was Gott tun will. Er schließt einen Bund mit diesem kleinen Volk und gibt ihm sein Gesetz. Er lässt es verstehen, dass es vor allen Völkern als Zeugnis für den einen wahren Gott stehen soll. Es ist ihm geglückt, das verheißene Land in Besitz zu nehmen und sich noch da zu halten, obwohl es von allen Seiten durch die Feinde vom Untergang bedroht ist. Von ihnen kann man mit Recht sagen, dass sie „unseren Namen von der Erde ausrotten wollen".

Die Geschichte Israels

ist von vielen Gesichtspunkten aus nur ein Bericht über ein kleines Volk unter vielen anderen an diesem gefährlichen Küstenstreifen zwischen den Spannungsfeldern der Supermächte. Wir hören von vielen Kleinfürsten, einem Durcheinander von Kriegen und Palastrevolutionen, Intrigen und Vertrauensbrüchen. Archäologen haben uns gezeigt, dass Israel in den Fragen materieller Kultur - Wohnstätten, Befestigungsanlagen, Landwirtschaftsmethoden, Tonwaren und Schmuckgegenständen - eine genaue Kopie des Nachbarvolkes war. Vom Äußeren her gab es nichts Außergewöhnliches bei diesem Volk. Wer erwartet, dass die Bibel von eigenen edlen Charakteren handelt und uns große Vorbilder gibt, denen wir folgen können, wird enttäuscht. Hier wird wahrheitsgemäß eine Reihe von Fürsten beschrieben, die um die Macht streiten, und ein Volk, dem gezeigt wird, dass es auf keinen Fall auf Gottes Wegen geht.

Aber es gibt doch noch etwas tief Erbauliches mit dieser Geschichte. Wie kann es sein, dass gerade dieses kleine unbedeutende Volk so eine weltgeschichtliche Bedeutung bekam? Materiell, ökonomisch und politisch hatte es gegenüber seinen Nachbarvölkern keine Vorteile. Das Besondere an Israel war seine Religion. Es war die Überzeugung, dass sie Gottes Volk waren, dazu berufen, den Glauben an den lebendigen Gott zu bewahren und nach seinen Geboten zu leben, als Zeichen für die anderen Völker. Und nun tritt das Merkwürdige ein, nämlich, dass gerade in diesem kleinen Volk ein Prophet nach dem anderen auftritt, der zu Gottes Volk in Gottes Auftrag spricht, der bestraft und tröstet und sie an ihre Berufung erinnert. Diese Propheten waren *Schriftpropheten*. Ihre Worte wurden aufgeschrieben und bewahrt, so dass wir sie noch heute lesen können. Sie überragen bei weitem das, was wir aus anderen Quellen über das religiöse Leben in diesen Gegenden wissen.

Das Merkwürdigste bei diesen Propheten war, dass sie einerseits verkündigen konnten, dass Gott sein abgefallenes Volk strafen und in die Gefangenschaft führen würde, andererseits, dass er sie schließlich wieder aufrichten und zurückbringen würde und später, in der fernen Zukunft, mit einer großen, bedeutenden Handlung, eingreifen würde. Er würde seinen Messias schicken, seinen heiligen Diener, und durch ihn ein Reich aufrichten, das niemals zerstört werden könnte.

Israels Geschichte ist also keine Geschichte über edle Persönlichkeiten. Die Bibel ist kein Buch mit verschiedenen Moralgeschichten vorbildlicher Menschen. Hinter diesem Missverständnis liegt in der Regel noch ein anderes: der Glaube, dass der Weg zu Gott über gute Taten und edle Moralvorstellungen führt. Aber die Bibel spricht von etwas anderem. Sie schildert, wie Gott eingreift, um eine egoistische und kleinliche Menschheit zu retten. Sie schildert eine Welt voller Grausamkeit und Egoismus, in der Gott trotz allem wirkt, um uns die Möglichkeit der Sündenvergebung und des ewigen Lebens zu geben. Die Bibel ist eine Beschreibung davon, wie Gottes Vergebung in eine böse Welt gekommen ist.

Deshalb braucht man sich auch nicht über die vielen Kriege im Alten Testament zu empören. Damals war Gottes Plan an ein Volk gebunden, das er für eine bestimmte Aufgabe auserwählt hatte. An der Existenz dieses Volkes hing die Errettung der Welt. Deshalb wurden sie nie ausgerottet. Wenn sie um ihr Leben kämpften, führten sie wirklich einen „Krieg für den Herrn". Aber das berechtigt andere Völker nicht zu glauben, dass sie

Kriege in Gottes Namen führen dürfen. Jetzt haben wir das Evangelium bekommen, und das kann durch Waffengewalt weder ausgebreitet noch verteidigt werden.

Die Propheten behielten recht. Dass Israel in Gefangenschaft geführt wurde, war an und für sich nichts Merkwürdiges. Dieses Schicksal widerfuhr den meisten der Nachbarvölker. Aber das Besondere war, dass sie, im Gegensatz zu vielen anderen Völkern, wieder zurückkommen konnten und eine Zukunft hatten.

Die Messiasverheißung

Die Propheten hatten auf den „Tag des Herrn" hingewiesen, einen großen Eingriff, den Gott in der Weltgeschichte machen würde. Da würde sich zeigen, was der wirkliche Grund dafür war, dass Gott Israel auserwählt hatte. Gott würde den Messias schicken und er würde nicht nur sein Volk, sondern auch die Heiden retten. Von Israel aus sollte das Licht über die ganze Welt leuchten. Die Propheten hatten schon zu der Zeit geredet, als David und sein Geschlecht regierte. Sie redeten weiter, als das Reich unterging und das Volk weggeführt wurde. Sie waren auch in Babel und in den Jahren nach der Heimführung aufgetreten. Aber dann wurde es still. In mehr als vier Jahrhunderten kamen keine neuen Propheten. Zweifler meinten, dass alles, was die Propheten gesehen haben, eine Illusion war.

Aber dann geschah es.

Im fünfzehnten Jahr des Kaisers Tiberius - im Herbst des Jahres 28 - gab Gott Johannes, der später Johannes der Täufer genannt wurde, einen Befehl. Er sollte vor Israel treten und verkünden, dass es nun geschehen würde. Nun würde der Messias kommen und Israel sollte sich bereit machen, ihn aufzunehmen.

Wie konnte er das wissen? Wir können nur antworten: So ist das mit den Propheten. Sie sind keine Philosophen, die scharfsinnige Schlüsse aus etwas ziehen, das alle kennen oder wovon sie sich überzeugen können. Sie sind keine Politiker, die ein feines Gespür dafür haben, was gerade dran ist und verstehen, die Möglichkeiten der Zeit auszunutzen. Sie sind Gottes Redner. Sie tun es nur aus der Gewissheit heraus, dass Gott ihnen befohlen hat, dies zu sagen. Es gibt falsche Propheten, die zuschanden werden. Aber es gibt auch echte Propheten. Sie sind einer der Grundpfeiler im christlichen Glauben. Gott hat sich offenbart. Er hat zu uns durch seine Botschafter geredet.

Es zeigte sich, dass auch Johannes recht behielt. Einige Monate vergingen - oder waren es einige Jahre? - dann trat Jesus aus Nazareth hervor. Und damit begann ein Stück Geschichte, das die Antwort auf unsere Frage gibt: Warum gerade Christus?

Wer war er?

Für die Außenstehenden trat Jesus als Rabbi auf, ein Lehrer der Gesetze Gottes, der eine Gruppe Jünger um sich sammelte und gleichzeitig einen größeren Kreis unterrichten konnte, der mehr zufällig kam, um zuzuhören. Das Volk nannte ihn auch einen Rabbi. Wie alle anderen Gesetzeslehrer unterrichtete er mündlich. Die großen Rabbiner in Israel - wir kennen mehrere, die in dieser Zeit gewirkt haben - schrieben keine Bücher. Sie unterrichteten mündlich. Aber ihre Jünger lernten eine Zusammenfassung auswendig, die der Lehrer selber ihnen gab. Man wusste später viel von dem, was sie gesagt und gelehrt hatten. Gleichzeitig wurde ihre Art des Handelns genau beobachtet. Sie waren ja Vorbilder. Und wenn man berichtete, was sie getan hatten, achtete man darauf, dass die Zuhörer es auch richtig verstanden. Das ist einer der Gründe, warum Jesu Jünger nach seinem Tod so gut wussten, was er gesagt und getan hatte.

Aber es gab etwas Ungewöhnliches an diesem Rabbi. Deshalb fragten sich die Menschen, und auch seine eigenen Jünger, immer wieder: Wer ist dieser Mann? Er selber redete selten direkt darüber. Aber es leuchtete bei allem durch, was er tat. Er vergab Sünden. Das konnte doch nur Gott tun. Er nannte sich den Bräutigam. Aber in den ganzen Schriften wird dieses Bild nur angewendet für den Bräutigam des Volkes, und das war Gott. Er sagte, dass er Macht über den Sabbat hätte. Aber wer hatte die, außer Gott?

Wenn er sprach, geschah es „mit Macht und Gewalt und nicht wie ihre Schriftgelehrten". Er bezog sich nicht auf andere Autoritäten. Im Gegenteil: Er konnte sagen: „Ihr habt gehört, dass zu den Alten gesagt ist. ... Ich aber sage euch..." (Matth. 5, 21 ff).

Auch in seinen Taten gab es diese Macht, die den Menschen Hoffnung gab. Es geschah dann so, wie man es normalerweise nicht für möglich hält, und das Volk sagte immer wieder: So etwas haben wir noch nie gesehen.

Für uns, die wir so viel später leben, liegt es auf der Hand zu sagen, dass es sich um Legenden handeln muss. In dieser Zeit wusste man, dass es Fragen nach Fakten gab. Augenzeugen gab es selten. Auch die Gegner mussten zugeben, dass seine Krafttaten ein Faktum waren, die einer Erklärung bedurften. Sie konnten nichts Besseres finden, als dass er in Verbindung mit einer überirdischen bösen Macht, dem Beelzebub, mit Satan selbst stand. Das wird in den Evangelien berichtet und das bekräftigen auch heutige jüdische Quellen, wo es heißt, dass Jesus ein falscher Prophet war, der „Zauberei ausübte".

Offenbar ließ Jesus seine Jünger sehen und hören und sie selber ihre Schlüsse ziehen. Er fragte sie nicht gleich am Anfang nach ihrem Glauben. Und, wie Johannes berichtet, wegen ihm entstanden Streitigkeiten im Volk.

Drei Möglichkeiten

Es gab entschiedene Gegner. Sie erlebten Jesus als Gefahr und Provokation. Er predigte ja, dass wir uns alle bekehren sollten, dass wir alle Sünder sind und eine unverdiente Vergebung benötigen. Aber viele Juden waren gerade stolz darauf, rechtfertig zu sein. Sie hielten das Gesetz in Ehren. Sie waren Gottes Volk. Andere konnten Besserung gebrauchen, aber sie nicht. Die Pharisäer fühlten, dass ihre Autorität gefährdet war, wenn das Volk so einem Propheten folgen würde. Andere, besonders die höhere Priesterschaft im Tempel, fürchtete um ihre soziale Machtstellung. Für alle diese Gegner war Jesus ein Verführer, der das Volk in Verwirrung führte, und die Kraft in seiner Person und seinem Werk erklärte man damit, dass er böse Mächte verehrte.

Es gab andere, die milder urteilten. Sie kannten Jesus so gut, dass sie wussten, dass er gute Absichten hatte. Aber sie sagten, dass er überspannt war. Kein normaler Mensch konnte ja auf so eine Weise reden, wie es nur Gott zusteht. So dachten auch einige seiner nächsten Angehörigen. Die Evangelien berichten das mit einer Offenheit, die zu allen Zeiten anstößig war, für den, der annimmt, dass es für die Zeitgenossen Jesu leichter gewesen sein muss, an ihn zu glauben, als für uns heute.

Jesus auf diese Art zu sehen, als Betrüger oder als überspannten Idealist, war für die Jünger unmöglich. Sie kannten ihn viel zu gut. Das ruhige Wesen, seine Solidität, seine selbstsichere Autorität und die überzeugende Güte in seinem ganzen Wesen gab ihnen mehr und mehr die Gewissheit, dass er wirklich von Gott gesandt war und dass sie Recht damit hatten, ihm zu folgen. Aber auch sie konnten fragen: Wer ist er eigentlich?

Das muss man beachten, wenn man fragt,

was es bedeutet, ein Jünger zu sein.

Es ist ein übliches und oft schwerwiegendes Missverständnis, wenn man glaubt, man kann kein Jünger Jesu sein, ohne einen festen Glauben an ihn als Gottes Sohn zu haben. Zu diesem Glauben kamen die Jünger nach und nach, aber es war nicht der Grund dafür, dass sie Jünger wurden. Das war eine Folge davon, dass sie Jünger waren. Jesus erwartete kein Glaubensbekenntnis als Bedingung, um ihm zu folgen. Es war eine Entscheidung, ein Beschluss und Einsatz notwendig, das ist richtig. Aber diese Entscheidung betraf den Willen, ihm zuzuhören. Sein Jünger bzw. Lehrling zu sein bedeutet ja, bei jemandem in die Lehre zu gehen, um etwas zu lernen, was man noch nicht kennt. Und was ein Jünger Jesu von Anfang an noch nicht weiß, ist, wer Jesus wirklich ist. Auf diese Frage wird er eine Antwort bekommen, aber es kann eine lange Vorbereitungszeit erfordern. Genauso wie Jesu erste Jünger müssen auch wir sehen und hören, damit wir wirklich davon überzeugt werden, wer er ist.

Der richtige Weg zu diesem Wissen ist also nicht ein zusammenfassender Unterricht, der feststellt, was der Jünger am Schluss wissen soll. Oft hat die Unterweisung ins Christentum diese fehlgerichtete Form. Man hat versucht, einige wichtige und wesentliche Sätze herauszunehmen, um zu erkennen, wer Jesus ist. Aber was wir brauchen, um wirklich an Jesus glauben zu können, ist die persönliche Bekanntschaft mit Jesus selbst. Deshalb kann man sich auch kein lebendiges Bild von Jesus machen, wenn man ein kleines Buch über ihn liest, wie dieses hier. Das Bild kann man nur bekommen, indem man sich mit den Evangelien beschäftigt, selber hört und mit eigenen Augen sieht. Das ist es, was der tiefere Sinn eines Jüngers ist.

Das richtige Bekenntnis

kommt dann nach und nach. Jesus ließ seinen Jüngern genug Zeit, mindestens ein paar Monate, wahrscheinlich ein paar Jahre, bevor er die entscheidende Frage stellte: Wer glaubt ihr, dass ich sei? Diese Frage kommt. Kein echter Jünger kommt um eine Antwort auf diese Frage herum. Als Jesus diese Frage den Zwölfen stellte, hatten sie viel gesehen und gehört, so dass sie antworten konnten. Petrus formulierte die Antwort: *Du bist Christus, des lebendigen Gottes Sohn!* (Matth. 16, 16).

Matthäus berichtet, dass sich Jesus über die Antwort gefreut hat. Er sagte, dass der himmlische Vater das Petrus offenbart hatte. In diesem Bekenntnis des Petrus liegt nämlich das ganze Geheimnis um Jesu Person. Er war der Messias, den die Propheten vorausgesagt hatten, durch den Gott etwas Neues und Entscheidendes in der Welt ausführen wollte. Aber das Entscheidende liegt in dem Zusatz: Sohn des lebendigen Gottes. Dass der Messias Gottes Sohn war, war keine Selbstverständlichkeit. Die gewöhnliche Auffassung war ungefähr so, dass der Messias ein Mensch mit wunderbaren Fähigkeiten war, der Beste, der jemals gelebt hatte, und dass er ein Reich gründen sollte, dass in all seiner Herrlichkeit doch ein Reich auf dieser Welt sein sollte, wo Gottes Volk Israel eine entscheidende Rolle spielen würde.

Wenn Petrus sagt, dass Jesus der Sohn des lebendigen Gottes ist, so bedeutet das auch, dass die Messiasverheißung so in Erfüllung gegangen war, wie es die meisten in Israel nicht geahnt hatten. Der lebendige Gott bedeutet, dass Gott handelt, eingreift, das Schicksal der Welt lenkt. Und hier wird nun gesagt, was sein größter Eingriff, seine wichtigste Handlung in der Weltgeschichte war, nämlich, dass er seinen Sohn in die Welt gesandt hat. Er ist auf solch eine Weise in die Welt gekommen wie nie zuvor. Er ist den Menschen näher gekommen als irgendwann sonst seit der Schöpfung.

Der Erlöser

Damit war jetzt etwas Entscheidendes gesagt. Jetzt konnte Jesus beginnen, seine Jünger in etwas zu unterrichten, was sie bis dahin nicht geahnt hatten. Es war schwer zu verstehen, dass Gottes Messias, Gottes eigener Sohn in die Welt gekommen war, um zu leiden, zu sterben und aufzuerstehen als Rettung für die Welt.

Also erst, als die Jünger verstanden hatten, dass Jesus Gottes Sohn war, begann er, ihnen zu sagen, dass er leiden und sterben musste. Dieses Kernstück des Evangeliums, dass Christus für uns gestorben ist, das war etwas, was die Jünger zu allerletzt verstanden haben. Das sollte auch bedacht werden. Man kann also ein Jünger sein, ohne verstanden zu haben, was schließlich das Wichtigste ist: dass Christus unserer Retter wurde, dadurch, dass er für uns gelitten hat und gestorben ist. Man kann am Ende, wie Petrus, von Herzen bekennen, dass er der Sohn des lebendigen Gottes ist. Und Christus freut sich vielleicht, dass sein Jünger so weit gekommen ist.

Der Weg zum Glauben

Wir müssen also vorsichtig sein, ein Bekenntnis zu fordern, zu dem die Menschen noch nicht bereit sind. Das Wichtigste ist, dass die Menschen, andere oder wir selber, Jünger sind. Das heißt, dass sie Jesus folgen, um von ihm zu lernen. Es gibt eine gute alte Definition, die besagt, dass der ein Jünger ist, der „Gottes Wort und das Gebet gebraucht, um zum Glauben zu kommen oder im Glauben bewahrt zu werden". Jesus selber sagte denen, die ihm folgten: „Wenn ihr bleiben werdet an meinem Wort, so seid ihr wahrhaftig meine Jünger und werdet die Wahrheit erkennen, und die Wahrheit wird euch frei machen." (Joh. 8, 31 ff). Das Wichtigste ist, dass man Gottes

Wort hört und liest und mit Gott im Gebet spricht und wirklich lernen und verstehen und annehmen will, was Christus zu geben hat. Man kann auch auf die Weise an Christus glauben, dass man ihn hört und ihm Recht gibt, auch wenn man noch nicht alles versteht, was er uns lehren will. Aber man hört auf, sein Jünger zu sein, wenn man ihm nicht in allem Recht gibt oder ihm nicht folgen will, wenn er uns weiterführen will. Es geschieht ja nicht selten, dass Menschen meinen, dass das Stück Wahrheit, das sie angenommen haben, ausreichen würde. Das kann das Liebesgebot Jesu sein oder Jesus als Vorbild. Das kann der Glaube an Jesus als Gottes Sohn, den Sieger und Befreier, sein. Aber die Versöhnung weist man weit von sich als unbegreifliche Theologie. Zieht man solche Grenzen und bleibt dabei stehen, ist man kein Jünger mehr. Jesus geht weiter und man ist zurückgeblieben.

Jesus wünscht nämlich wirklich ein Bekenntnis von seinen Jüngern, wenn er sie so weit geführt hat und sie so viel erkannt haben, dass sie es ablegen können. Es gibt etwas Wichtiges, etwas Unvermeidliches und Unentbehrliches, was sie wissen sollten und er ihnen zeigen will. Etwas, das seine Person und sein Werk betrifft.

Das eine ist, dass er Gottes Sohn ist, etwas absolut Einzigartiges, das man nicht verstehen kann oder mit menschlichem Verstand ermessen kann. Das andere ist, dass er der Versöhner ist, der uns sein Leben zur Erl -sung gegeben hat und es ermöglichte, dass jeder von uns Gottes Kind werden kann.

Der Einzigartige

Dass Jesus einzigartig war, bedeutet, dass es niemanden

gibt, der mit ihm vergleichbar wäre. Das war es, was die Jünger nach und nach verstanden. Die Hohenpriester und Schriftgelehrten wollten das nicht erkennen und verurteilten ihn als Lästerer. Andere glaubten, er sei überspannt. Alle hatten den gleichen Grund: er handelte und redete so, wie es nur Gott zusteht. Aber die Jünger verstanden schließlich, dass das Geheimnis in seinem Wesen war und die Erklärung für das, was geschah, als Jesus öffentlich auftrat. Hier geschah etwas, was Gott nie zuvor getan hatte. Er hatte sein Volk darauf vorbereitet, dass es geschehen würde. Er ließ sie verstehen, dass es für jedes Volk Bedeutung haben würde. Und jetzt geschah es.

Jesus Christus ist jemand ganz Einzigartiger. Sicherlich war er gleichzeitig ein richtiger Mensch, hatte die gleichen Bedürfnisse, die gleichen Sorgen, die gleichen Versuchungen, das gleiche Mitgefühl für Leidende wie wir bei anderen Menschen. Er konnte müde sein, traurig sein, zornig sein. Er kannte Angst, Durst und sehnte sich nach Gemeinschaft. Bis dahin können wir ihn gut verstehen, und wir wissen, dass er uns versteht. Aber wir können das nicht beurteilen, was er als Retter war und tat, wenn wir nur von dem ausgehen, was wir selber erfahren haben. Aber das ist gerade das, was viele Menschen tun, die zu Jesus Stellung nehmen und sagen, ob sie glauben können oder nicht.

Geboren von der Jungfrau Maria

Nehmen wir zum Beispiel seine Geburt. Das Glaubensbekenntnis sagt, dass er empfangen wurde von dem Heiligen Geist, geboren von der Jungfrau Maria, und Matthäus und Lukas berichten genauer darüber. Es gibt Menschen, die sagen: das kann doch so nicht geschehen. Das muss eine Legende sein. Es gibt ja kein prüfbares Beispiel, dass eine Jungfrau ein Kind geboren hat. Damit sehen sie die Sache als erledigt an. Sie vergessen, dass die Evangelien gerade das sagen. Hier geschah etwas, was nie zuvor geschehen war und nie wieder geschehen wird. Das gibt der Sache gerade die Bedeutung. Es ist die Frage nach Gottes Eingreifen, außerhalb der Ordnung, die besteht, die er selbst geschaffen hat und über die er herrscht.

Es ist eine andere Frage, ob es angemessen ist anzunehmen, dass diese Berichte wirklich aus glaubwürdigen Quellen stammen. Kritiker wollten geltend machen, dass es sich um spätere Anhänge an die Evangelien handelt, die bei den Griechen in den heidenchristlichen Versammlungen entstanden sind. In diesem Milieu war man an Erzählungen über Göttersöhne, die von menschlichen Müttern geboren wurden, gewöhnt. Aber es ist eine Tatsache, dass diese Berichte, wie sie uns bei Matthäus und Lukas begegnen, nach Sprache und Inhalt eine unmissverständliche jüdische Prägung haben und uns von palästinensischen Christen vermittelt worden sein müssen. Das Matthäusevangelium ist von einem Juden geschrieben, der beispielsweise in der Passionsgeschichte zeigt, dass er damit vertraut war, was man in der Urgemeinde in Jerusalem darüber wusste. Und Lukas hat Anfang der sechziger Jahre Jerusalem besucht und unter anderem Jesu Bruder Jakobus getroffen. Sie sollten also Kenntnis darüber gehabt haben, was die Menschen, die Jesus am nächsten standen, über die Ereignisse gewusst haben. Es ist deutlich, dass das nicht zu dem Wichtigsten und Grundlegendsten gehörte, was die Apostel predigten. Für Juden war es eher etwas anstößig, dass man am Allerwenigsten davon berichtet hätte, wenn man Jesus hätte außergewöhnlicher darstellen wollen, als er war. Aber wenn man (wie Lukas von sich selber sagt) „alles von Anfang an sorgfältig erkundet hat" (Luk. 1, 3), dann gehört das auch mit zum Bild.

Jesus war also nicht nur wahrer Mensch, sondern auch wahrer Gott. Er war, wie Paulus sagt, bei Gottes Schöpfung dabei, aber er entäußerte sich selbst und nahm Knechtsgestalt an, als er uns Menschen gleich wurde. Das ist das Einzigartige mit ihm, das, warum man ihn nicht mit menschlichem Maß messen kann.

Die Auferstehung

Das gilt auch für Christi Auferstehung. Es ist sinnlos zu sagen, dass so etwas nicht geschehen kann. Was soll man da anführen? Dass es keinen bekannten Fall gibt, wo etwas Vergleichbares geschehen ist, und dass man sich nicht vorstellen kann, wie es gemäß unserer bekannten Natur gehen sollte? Man sagt da genau das Gleiche wie das Evangelium. Christi Auferstehung war etwas Unfassbares, etwas, mit dem niemand gerechnet hatte. Gewiss hatte Jesus gesagt, dass es geschehen sollte. Für die Jünger war es solch eine Äußerung, die sie nie vergessen würden, aber die keinen Sinn machte, weil sie nicht in ihren Rahmen passte von dem, was sie kannten und womit sie rechneten. Als es später doch geschah, war die

Reaktion der Jünger Erstaunen und Unglauben. Das leere Grab überzeugte keinen. Man glaubte, dass jemand Jesu toten Körper fortgetragen hätte. Erst als Jesus sich ihnen selbst offenbarte, ließen sie sich überzeugen. Aber da waren die Konsequenzen um so größer. Hier war ein so deutlicher Eingriff Gottes geschehen, etwas so Überwältigendes und Überzeugendes, dass man danach nicht anders konnte als zu hören und zu predigen, dass Jesus von den Toten auferstanden und er wirklich der Messias und Gottes Sohn war.

Die historische Wissenschaft kann bestätigen, dass kurz nach Jesu Tod etwas geschehen sein musste, was die Situation total veränderte. Jesus war ja wie ein Verbrecher gestorben, zum Tode verurteilt für Lästerung, verlassen von seinen Jüngern, verspottet von seinen Feinden. In den Augen des Volkes muss er ein entlarvter Betrüger oder Phantast gewesen sein. Für seine Jünger war es aus mit all ihren Hoffnungen. Ihnen blieb nur noch übrig, zurück nach Hause zu gehen und zu erkennen, dass sie sich geirrt hatten. Diese Stimmung spiegelt sich anschaulich in der Geschichte der zwei Emmausjünger wider. Aber kurz darauf sehen wir, als ein geschichtliches Faktum, dass die gleichen Jünger mit der felsenfesten Gewissheit erfüllt waren, dass Christus der Sieger war, dass er lebte und dass er sich als Gottes Sohn und der Retter der Welt erwiesen hatte. Auch das leere Grab musste eine Tatsache gewesen sein. Wäre das Grab nicht leer gewesen, hätten die Feinde sofort beweisen können, dass die Worte von der Auferstehung falsch gewesen waren.

Die Begegnung mit dem Auferstandenen muss für die Jünger absolut überzeugend gewesen sein, so unvermeidbar wirklich, dass sie es ohne Zweifel in Angriff nahmen, ihre Landsleute davon zu überzeugen, dass Jesus auferstanden war, und das schien ziemlich hoffnungslos. Es kostete sie Verfolgung und Leiden, in vielen Fällen blutiges Martyrium, aber sie zweifelten nie. Sie wussten, was sie gesehen hatten.

So weit können wir mit Hilfe der historischen Fakten kommen. Wir wissen auch, was die Jünger über das zu sagen hatten, was sie gesehen hatten. Es war nicht nur, dass Jesus lebte. Sie wussten auch, dass mit seinem Körper etwas geschehen war, etwas Durchgreifendes, Einzigartiges und Beispielloses. Er war vollständig wirklich, aber er war nicht irdisch. Er war verwandelt. Er war nicht wie wir an Raum und Zeit gebunden. Er konnte durch geschlossene Türen gehen und vor ihrem Angesicht verschwinden. Paulus nennt seinen neuen Körper einen Herrlichkeitsleib. Das bedeutet, ein Leib, der auf gewisse Weise himmlisch ist, um in Gottes Welt leben zu können. Und diese Verwandlung geht uns alle ganz tief an. Das Neue Testament sagt uns nämlich, dass wir alle, die Christus gehören, einmal genauso verwandelt werden. Wir werden so wie er sein, wenn Gott alles neu macht und eine neue Welt schafft. Der Erste, der also die Gestalt der neuen Welt trägt, ist der Auferstandene. Seine Auferstehung ist in der Weise einzigartig, dass nie zuvor so etwas geschehen war. Aber wenn er uns von den Toten auferwecken wird, wird es das Gleiche sein. Er ist der „Erstgeborene von den Toten" und wir sollen „ihm gleich" werden. Das ist der apostolische Glaube an die Auferstehung Christi und an unsere.

Jesus lebt

Wie viel man auch über die Auferstehung als ein historisches Faktum sagen kann, so kann man auch immer mit Ausreden kommen. Das machten schon die Hohenpriester. Der Glaube an Jesu Auferstehung würde heute kaum noch bestehen, wenn er nur darauf beruhen würde, was die Augenzeugen damals zu berichten hatten. Aber es gibt einen anderen Grund dafür, dass er unausrottbar ist. Das ist die Tatsache, dass Menschen, die Jesus im Evangelium begegnen, eine Begegnung mit dem lebendigen Herrn erleben. Man kann es mit der Begegnung vergleichen, die Menschen haben, wenn sie Gott in seiner Schöpfung begegnen, in der Natur und im eigenen Herzen. Der Unterschied ist nur, dass die Begegnung mit Jesus so viel persönlicher ist. Gott kommt uns „menschlich nah", wie ein Bruder, wie „ein bester Freund" oder wie man es ausdrücken möchte.

Alles das ist in Übereinstimmung mit dem, was Jesus seinen Jüngern gesagt hat. Er war gekommen, damit sie in ihm Gott begegnen können. Er wollte sie zu seinen Freunden machen und immer bei ihnen sein, bis zum Ende der Zeit. Diese Gemeinschaft mit Christus, mit ihm zusammen zu leben, mit ihm zu reden, ihm zuzuhören, Hilfe und Leitung zu bekommen, Ermahnung und Trost von ihm, ist schließlich der persönliche Grund, an seine Auferstehung zu glauben. Das ist ein Glaube an den lebendigen Herrn. Das ist die Grundlage der Bibel, die durch die Erfahrung bekräftigt wird.

Wir haben nun etwas von den Grundzügen des christlichen Glaubens an Jesus Christus angedeutet. Es ging um die Frage, wer Jesus ist. Jetzt müssen wir auch noch etwas über sein Werk, das er getan hat, sagen.

Die Versöhnung

Der Kernpunkt von Christi Werk wird in der christlichen Sprache Versöhnung genannt. „Er ist die Versöhnung für unsre Sünden, nicht allein aber für die unseren, sondern auch für die der ganzen Welt." (1. Joh. 2, 2) „Den hat Gott für den Glauben hingestellt als Sühne in seinem Blut." (Röm. 3, 25). „Gott hat seinen eigenen Sohn nicht verschont, sondern hat ihn für uns alle dahingegeben." (Röm. 8, 32). Das sind einige Kernworte der Botschaft, die die Apostel predigten. Jesus selbst sagt: Der Menschensohn ist gekommen, dass er „gebe sein Leben zu einer Erlösung für viele." (Matth. 20, 28).

Jesus gab also sein Leben, damit wir leben können. Wir sollen nicht vergehen, nicht untergehen, wie es in der „Kleinen Bibel" heißt, dem bekannten Wort: „Denn also hat Gott die Welt geliebt, dass er seinen eingeborenen Sohn gab, damit alle, die an ihn glauben, nicht verloren werden, sondern das ewige Leben haben." (Joh. 3, 16).

Wir waren in Gefahr, verurteilt zum Untergang, nachdem wir uns von Gott entfernt hatten und keine Möglichkeit hatten, zu ihm zurückzukehren.

Hier müssen wir innehalten und gewisse Grundwahrheiten zu ermitteln versuchen, die die Menschen so oft vergessen mit der Folge, dass sie auch nicht verstehen, warum Jesus für uns sterben musste. Wenn Gott die Liebe ist, so müsste er uns doch vergeben können und uns dann wieder annehmen, so wie wir sind?

Die Antwort ist, dass er gerade das nicht kann. Die menschliche Liebe kann Sünden akzeptieren und sie übersehen. Wir sind alle Sünder, und wenn wir vergeben, so ist das Böse, das wir vergeben, im Grunde etwas, das in uns selber sitzt. Man muss nur selbstgerecht genug sein, um zu glauben, dass es eine Kluft gibt zwischen einem selber und den Sündern der ganzen Welt und anderen Übeltätern. Aber das ist mit Gott anders. Wenn wir versuchen, sein göttliches Wesen zu beschreiben - ohne das er nicht Gott wäre - mit Worten wie *heilig* und *rechtfertig,* so bedeutet das nicht, dass er gewisse Prinzipien und Gesetze aufgestellt hat, die er genauso gut ändern könnte. Es bedeutet vielmehr, dass sein Wesen so ist. Seine Güte und Heiligkeit, seine Liebe und Gerechtigkeit sind zu einer Einheit verschmolzen. Das, was mit Güte, Gerechtigkeit und Liebe unvereinbar ist, ist auch mit Gott nicht vereinbar, so wie Wasser und Feuer nicht vereinbar sind. Das Böse kann niemals in Ewigkeit mit Gott vereinbart werden. Er kann es tolerieren und es bestehen lassen - bis auf weiteres - aber er kann es nicht in seine Gemeinschaft aufnehmen. Das wäre genauso unmöglich, als versuchte man einen Zeitungsausschnitt auf glühenden Grillkohlen unbeschadet zu lassen.

Das große Problem

Um mit Gott in seinem Reich leben zu können, müssten wir also auf irgendeine Weise frei werden vom Bösen.

Viele glauben, dass wir mit etwas gutem Willen und Gottes Hilfe diese Sache regeln könnten. Das Natürlichste wäre ja, wenn wir einfach aufhören würden, das Böse zu tun. Wenn wir es nicht aus eigener Kraft schaffen können, so können wir Hilfe von Gott bekommen. Viele stellen sich vor, dass sie auf diese Weise gerettet werden und heim zu Gott kommen können. Sie können niemals richtig verstehen, warum Jesus sterben musste.

Aber alle, die ernsthaft diese Methode versucht haben, sollten verstehen können, warum sie nicht geeignet ist. Alle, die wirklich ernsthaft so werden wollen, wie es Gottes Güte fordert, finden heraus, dass es etwas ist, was nur durch ihn selbst möglich wird. Wenn man sich ernsthaft in die Bergpredigt vertieft, wird man hoffnungslos unter ein Liebesgebot gestellt, das man als richtig erkennt, das aber zu einer hoffnungslosen Verurteilung wird. So bin ich nicht, und so werde ich auch niemals sein, trotz aller meiner Anstrengungen.

Durch das ganze Neue Testament zieht sich die Auseinandersetzung mit dem falschen Glauben, dass wir mit gutem Willen, ehrlichen Anstrengungen und Gottes Hilfe so werden, dass wir in Gottes Reich passen. Jesus selbst führte einen ständigen Kampf, um seinen frommen Landsleuten zu zeigen, dass auch sie Sünder waren, die keinen Anspruch erhaben konnten, Gottes Kinder zu sein. Das ist also das große Problem: wie können wir jemals in Gottes Nähe leben? Es ist genauso unmöglich, zur Sonne auszuwandern und dort zu leben. In großem Abstand ist die Sonne schön, aber wenn wir ihr zu nah kommen, verbrennen wir. So ist es auch mit Gott.

Die Lösung

Gott kann sein Wesen nicht ändern. Dafür sollten wir dankbar sein. Dann wäre er nicht mehr länger der gute Gott. Das Böse würde gesiegt und Gott gezwungen haben, sich anzupassen. Aber Gottes Ziel ist „ein neuer Himmel und eine neue Erde nach seiner Verheißung, in denen Gerechtigkeit wohnt." (2. Petr. 3, 13). Wo weder „Leid noch Geschrei noch Schmerz mehr sein" werden (Offb. 21, 4) und wo niemals je etwas Unreines hineinkommen wird. Aber gleichzeitig liebt Gott uns böse Menschen und will nicht, dass wir verloren gehen. Deshalb gab er sich all die Mühe mit dem Menschengeschlecht, wie wir es in der Bibel lesen. Deshalb sandte er uns schließlich seinen eigenen Sohn. Und nun beginnen wir vielleicht zu verstehen, warum es so kam, wie es kam.

„Er kam in sein Eigentum; und die Seinen nahmen ihn nicht auf," sagt Johannes (Joh. 1, 11). Für einen Moment sah es so aus, als wenn das Volk sich zu Gott wenden würde und annehmen würde, was er ihnen geben wollte. Es gab einen großen Zustrom von Menschen. Aber bald stellte sich heraus, dass sie zwar Gottes Gaben, aber nicht Gottes Reich wollten. Gesunde Glieder, Augen, die sehen, Beine, mit denen man gehen kann, Kinder, die vom Tod errettet werden, das wollten sie haben. Aber zu einer wirklichen Erneuerung des Herzens waren die meisten nicht bereit. Und die, die es ehrlich wollten, entdeckten bald, dass es weitaus schwieriger war, als sie angenommen hatten. Sie begannen zu fragen: „Ja, wer kann dann selig werden?" (Matth. 19, 25).

Da kam es, dass Jesus seinen Weg nach Jerusalem nahm. Die Jünger ahnten, dass es einen großen Aufruhr mit den Mächten des Bösen geben würde, die sich in den unbußfertigen Leitern des Volkes verkörperten. Mit Zweifeln und Angst folgten sie ihrem Meister. Der Einzug wurde gewiss ein großer Jubel. Das Volk ehrte den Propheten aus Nazareth und zeigte, dass es hoffte, er sei der Messias. Aber bald schlug die Stimmung um. Als der Prophet wie gewöhnlich darüber predigte, dass man sich bekehren und Gott mit ganzem Herzen lieben sollte, da bekamen seine Gegner wieder die Oberhand. Und dann schlugen sie zu.

Die Jünger konnten nicht verstehen, was geschah. Jesus leistete keinen Widerstand. Er ließ sich abführen, sie übergaben ihn und flohen. Petrus, der versuchte, wenigstens zu sehen, was weiter geschah, vergaß alle seine Versprechen und verneinte, dass er Jesus jemals gekannt hatte. Und Jesus wurde zum Tode verurteilt als Verräter und schmählich hingerichtet. Die Niederlage konnte nicht größer sein.

Was Gott tat

Erst nach der Auferstehung begannen die Jünger zu verstehen, was geschehen war. Es war ja tatsächlich genauso geschehen, wie Jesus es vorausgesagt hatte. Er war verspottet worden, gefoltert und gekreuzigt. Am letzten Abend hatte er ihnen gesagt, dass sie alle zu Fall kommen würden. Es ist verwunderlich, dass er sie nicht ermahnt hatte, fest zu bleiben, koste es, was es wolle. Auch Vorwürfe bekamen sie nicht zu hören. Es war so, als käme es nicht mehr darauf an, was sie taten.

In seinem eigentlichen Werk war er einsam und tat das, was getan werden musste. Lange Zeit später hat Petrus es so ausgedrückt: „Unsre Sünde hat er selbst hinaufgetragen an seinem Leibe auf das Holz." (1. Petr. 2, 24). Aus dem Buch des Propheten Jesaja entnahm er die ersten Worte. Da gibt es eine bemerkenswerte Stelle (Jes. 53), die vom leidenden Diener des Herrn handelt, der die Sünden des Volkes auf sich nahm: „Er ist um unsrer Missetat willen verwundet und um unsrer Sünde willen zerschlagen. Die Strafe liegt auf ihm, auf dass wir Frieden hätten." (Jes. 53, 5) Die Jünger hatten also nun, hinterher, verstanden, dass dies ein entscheidendes Wort über den Messias und seine Aufgabe war. Das war es, was geschehen war und von dem Jesus gewusst hatte, dass es geschehen würde, als er nach Jerusalem zog. Doch Petrus fügte dem Propheten noch ein erklärendes Wort dazu. Der Messias trug unsere Sünden „an seinem Leibe an das hölzerne Kreuz". Als Jesus fortging, um gekreuzigt zu werden, trug er auch alle Sünden seiner Jünger mit ans Kreuz. Und er trug sie *an seinem Körper*. Dachte Petrus vielleicht daran, was in Gethsemane geschehen war? An diesem Abend hatte er nichts verstanden. Was war es für ein Kelch, um den der Meister bat, dass er ihn nicht trinken müsse, ihn aber schließlich doch leeren musste? War es der Kelch des Leidens? Kaum - als er den Kelch getrunken hatte, begegnete er seinen Feinden mit überlegener Ruhe. War es vielleicht gerade dort in Gethsemane, dass er unsere Sünden zu den seinen machte? Leerte er den Kelch, der randvoll war mit aller Schuld und Schande und Schimpf, das, wessen wir uns schuldig gemacht hatten? Sog er das in sich auf, so dass es seine Sünde wurde, die er buchstäblich *an seinem Körper* trug, bis an sein Kreuz?

Wie konnte Christus meine Sünden tragen, zweitausend Jahre, bevor ich geboren wurde? Das können wir uns fragen, die wir hoffnungslos in die Zeit gesperrt sind. Das Vergangene ist vergangen und das Kommende noch unwirklich und unbekannt. Aber für Gott ist alles gleich im Jetzt. Genauso wie er gleichzeitig überall im Raum ist, so ist er auch in der Zeit. Die Zeit, in der er einmal geschaffen hat, gehört mit dazu, er ist nicht davon abhängig. Alle Jahrhunderte der Geschichte sind ihm gleich nah, alle Augenblicke sind in seiner Ewigkeit im Jetzt. Alle Sünden, die begangen worden sind, die begangen werden und die zukünftig begangen werden, stehen gleich wirklich vor seinem Angesicht. Er hat alle die unermessliche Schuld gesammelt und hat sie an einem Punkt der Geschichte versenkt - damals, als Jesus sein letztes Passahfest in dieser Welt feierte. Deshalb schwieg Jesus vor seinen Richtern. Die falschen Anklagen sollten unwiderrufen stehen bleiben. Er trug eine Schuld, um die seine Feinde nicht wussten: ihre und unsere und die der ganzen Welt. Und die verdiente den Tod.

Das Urteil über unsere Sünde

Wir können es also wortwörtlich nehmen, wenn Paulus sagt, dass Jesus für uns „zur Sünde gemacht" worden ist (2. Kor. 5, 21). Die Sünde, die niemals mit Gott vereint oder in Gottes Reich kommen kann, die nahm er auf sich.

Damit ist etwas Entscheidendes geschehen. Unsere Sünde begegnet dem gerechten und heiligen Gott. Für die Sünden bedeutet diese Begegnung eine Katastrophe. Wir haben gesehen, dass es in Gottes Wesen etwas gibt, das nicht nur mit dem Bösen unvereinbar ist, sondern das es mit Verderben und Untergang trifft. Das ist es, was wir als Gottes *Eifer* und *Zorn* bezeichnen, der heilige Zorn, der Gottes ewiges und unerschütterliches Nein zum Bösen ist.

Aber nun wird also die Sünde und Gott in Christus vereint. Das muss für den, der die Sünde trug, eine Katastrophe bedeuten. Aber es war ja Jesus Christus, Gottes Sohn. Gott, der nie Kompromisse mit der Sünde macht, nahm selber diese entsetzliche Konsequenz auf sich. Er ließ sich um keine Haaresbreite von seinem Gesetz und seiner Gerechtigkeit abbringen. Das hätte bedeutet, dass er sich von seiner Güte und Liebe abgewendet hätte, denn Gottes Liebe und Gottes Heiligkeit gehören unauflöslich zusammen. Er ist gut, weil er heilig ist, und er ist heilig, weil er gut ist. In der Versöhnung zeigte er sowohl seine Liebe als auch seine Heiligkeit. Er zeigte, dass er doch gerecht war, wie Paulus sagt. Aber gleichzeitig erbarmte er sich über die Sünder und nahm die Konsequenzen der Sünde selber auf sich. So wurde der Sohn „ein Mittel zur Versöhnung, durch den Glauben, in seinem Blut." (vgl. Röm. 3, 25).

Durch den Glauben

Wir sind nun bei dem Punkt angekommen, wo wir die entscheidende Antwort auf die Frage bekommen: Warum gerade Christus? Die Antwort lautet: Durch den Glauben an Christus können wir an dem teilhaben, was Christus für uns Menschen getan hat.

Der Glaube ist nicht nur eine Idee, eine Theorie oder eine intellektuelle Überzeugung. Man kommt nicht dadurch zum Glauben, dass man seine Meinung ändert. Der Glaube ist Gemeinschaft mit Christus, ein Leben in seiner Nähe als sein Jünger, unter seinem Schutz. Der Glaube beinhaltet, dass wir mit Christus vereint werden, wie eine Rebe am Weinstock oder ein Glied am Körper. Es beinhaltet, an etwas teilzuhaben, was nur Christus hat. Bei ihm, und nur bei ihm, gibt es diese Versöhnung, die bedeutet, dass meine Sünden bei Gott verurteilt, aber ganz und gar vergeben sind. Ich darf zu Gott kommen und bei Gott leben, ohne von seiner Herrlichkeit verzehrt zu werden.

Solange ich noch auf der Erde lebe, benötige ich ständig neu diese Vergebung. Wie weit ich auch in der Heiligung komme, so habe ich in meiner Natur immer noch das, was nicht aus Gott kommt und nicht mit Gott vereinbar ist. Dennoch kann ich Gottes Kind sein und in vollkommener Vergebung leben. Christus antwortet für mich. Er hat meine Sünde getragen und meine Schuld auf sich genommen und lässt Gott ein gerechtes Urteil darüber sprechen.

Es bleibt noch eine Sache: dass ich ganz befreit werde, auch von dem Bösen, das immer noch in meiner Natur ist. Das kann solange nicht geschehen, wie ich in meinem Körper, den ich jetzt habe, lebe. Aber einmal werde ich teilhaben an einem neuen Reich, wo Gott alles neu macht. Johannes schreibt: „Meine Lieben, wir sind schon Gottes Kinder; es ist aber noch nicht offenbar geworden, was wir sein werden. Wir wissen aber: wenn es offenbar wird, werden wir ihm gleich sein." (1. Joh. 3, 2). Und Paulus sagt: „Auch wir selbst, die wir den Geist als Erstlingsgabe haben, seufzen in uns selbst und sehnen uns nach der Kindschaft, der Erlösung unseres Leibes." (Röm. 8, 23). „Unser Bürgerrecht aber ist im Himmel; woher wir auch erwarten den Heiland, den Herrn Jesus Christus, der unsern nichtigen Leib verwandeln wird, dass er gleich werde seinem verherrlichten Leibe nach der Kraft, mit der er sich alle Dinge untertan machen kann." (Phil. 3, 20 ff).

Ein Leben unter der Vergebung

Im Glauben an Christus zu leben bedeutet also, um Christi willen Gottes Kind zu sein, durch den Glauben an Jesus, durch ein Leben in seiner Nähe, in Gemeinschaft mit ihm. Und alles das, obwohl man es nicht verdient und noch etwas in sich trägt, das uns eigentlich aussperren müsste, wenn nicht Christus für uns sprechen würde.

Deshalb gehören wir zu Christus. Es reicht nicht, ihn als Vorbild zu haben. Wenn Jesus nur ein Vorbild wäre, das wir bekommen hätten, um richtig leben zu können, so wäre er ein Urteil über uns. Das, was er uns lehrt - nämlich Gott über alles zu lieben und unseren Nächsten wie uns selbst - das werden wir nie ganz schaffen. Wir stehen hoffnungslos im Minus.

Deshalb ist es Unverstand zu sagen, dass das Große bei Jesus seine Lehre über die Liebe ist. Über die Liebe haben auch schon andere gesprochen. Vielleicht nicht so klar, aber dennoch genug, um sich eine schöne Lehre über die Liebe zurechtlegen zu können, ohne das Evangelium dafür nötig zu haben. Da wäre es vollkommen berechtigt zu fragen: Warum gerade Christus? Aber wenn wir zum Kreuz und zur Versöhnung kommen, beginnen wir zu verstehen, was es ist, das Christus unentbehrlich macht. Es ist sein Werk als Retter, das Werk, das es uns als Sündern ermöglicht, hier in dieser Welt ein Leben unter vollkommener Vergebung zu leben und dem Tag entgegen zu sehen, an dem wir endlich von allem Bösen befreit werden und vor Gottes Angesicht leben können.

Ein christliches Leben ist also ein Leben im Glauben an Jesus. Darüber gibt es viel mehr zu sagen. Aber hier kommt das Werk des Geistes dazu. Der christliche Glaube ist auch Glaube an den Heiligen Geist. Aber darüber wollen wir im dritten Teil des Buches reden.

Teil 3: Der unbekannte Geist

„Das da verstehe ich nicht."

Das ist ein ganz gewöhnlicher Kommentar, wenn die
Rede auf den Heiligen Geist und seinen Platz im christlichen Glauben zu sprechen kommt. An Gott kann man ja
noch glauben, vor Jesus hat man großen Respekt, das
Gebet hat vielleicht noch einen Platz im Leben. Aber der
Heilige Geist? Was ist das noch? Er bereitet nur Schwierigkeiten für den einfachen Kinderglauben, ganz unnöti-
gerweise. Ein normaler Mensch kann nicht verstehen,
warum man ihn braucht.

Ungefähr so denken viele. Sie haben vollkommen Recht,
besonders mit dem Letztgenannten. Sie ahnen nicht, dass
sie ganz und gar das Gleiche sagen wie Jesus selbst. Am
letzten Abend, als er mit den Jüngern sprach, redete er
auch viel über den Heiligen Geist. Er sagte an einer Stelle, dass er ihnen einen Helfer senden würde, der immer
bei ihnen bliebe, „den Geist der Wahrheit, den die Welt
nicht empfangen kann, denn sie sieht ihn nicht und kennt
ihn nicht. Ihr kennt ihn..."

Hier gibt es also eine Grenzlinie zwischen den Jüngern
und der Welt, zwischen dem Christentum und anderen
Religionen, die nicht das Christentum sind. Einen Begriff
von Gott kann sich jeder Mensch machen, durch eine
Begegnung mit ihm in der Natur oder in seinem Gewissen. Es ist auch nicht schwer, sich Jesus vorzustellen. Er
lebte ja als Mensch auf der Welt, sichtbar und greifbar.
Aber versucht man, sich den Heiligen Geist vorzustellen,
hat man nichts Konkretes in der Hand. Es bringt nur die

Vorstellungen, die man sich von Gott gemacht hat, durcheinander. Und doch soll er so wichtig sein. Ständig bekommen wir zu hören, dass der christliche Glaube ein Glaube an den Vater, den Sohn und den Heiligen Geist ist. Wie kann das zusammenhängen?
Wir lassen Jesus selbst auf diese Frage antworten.

Der Helfer

Als Jesus seinen Jüngern am letzten Abend erklärt hatte, dass er sie verlassen müsse, und sie stumm und hilflos in ihrer Trauer dasaßen, gab er ihnen ein großes Versprechen. Der Vater würde ihnen „einen anderen Helfer, der immer bei ihnen sein wird", schicken. Jesus war ja ihr Helfer in allen Dingen gewesen. Er hatte alles gewusst und alles gekonnt, sie konnten mit allem zu ihm kommen. Deshalb fühlten sie sich so hilflos, als sie verstanden, dass er nun von ihnen gehen würde. Aber da sagt Jesus, dass der Vater ihnen einen anderen Helfer senden wird, der sie nie verlassen wird. Die Welt sieht ihn nicht und kennt ihn nicht. „Aber ihr kennt ihn," sagt Jesus, „denn er bleibt bei euch und wird in euch sein."
Der Geist gehört also zu Gottes Werk hier auf Erden dazu. Genauso wie er seinen Sohn in die Welt geschickt hat, hat er auch den Geist geschickt. Und der Geist wird bleiben. Nicht so, dass jedermann ihn sehen kann und bestätigt, dass er da ist, sondern auf eine ganz bestimmte Weise: bei den Jüngern und in ihnen. Der Geist kann also Wohnung in den Herzen der Menschen nehmen. Gleichzeitig ist er mehr als ein individuelles Erlebnis, mehr als eine persönliche Begegnung mit Gott und Gottes Nähe

im Herzen. Er ist in der Kirche, im Gottesdienst, im Wort und Sakrament. Auf gewisse Weise kann man sagen, dass er „sichtbar" wird. Eine Versammlung mit Anbetung und Lobgesang, Abendmahl und Diakonie ist ja etwas, das sichtbar ist. Aber dass der Geist anwesend ist, spürt nur der, der sich für Gottes Werk öffnet. Es ist also nicht verwunderlich, dass so viele Menschen „die Sache mit dem Heiligen Geist" nicht verstehen. Sie lesen vielleicht nie Gottes Wort, gehen selten in die Kirche, sie halten sich niemals dort auf, wo der Heilige Geist wirkt. Erst wenn man dem Heiligen Geist als einer Wirklichkeit begegnet, etwas, das es wirklich gibt und das etwas bewirkt, kann man beginnen zu verstehen, was es damit auf sich hat.

Der Geist ist also ein „Helfer". Das griechische Wort - Paraklet - hat noch eine größere Bedeutung, die nicht leicht auf Deutsch wiederzugeben ist. Es wird angewendet für den, der jemandem zu Hilfe kommt. Der Geist kann ein Tröster sein (besänftigen sagte man vor hundert Jahren) oder ein Ermahner, aber auch ein Verteidiger oder Fürsprecher.

Aber wobei hilft uns der Heilige Geist?

Das Werk des Geistes

In seiner Erklärung zum dritten Glaubensartikel (der vom Heiligen Geist handelt) sagt Luther etwas ganz Erstaunliches. Er lässt uns Christen bekennen, dass wir glauben, dass wir nicht glauben können, nämlich aus eigener Vernunft und eigener Kraft. Und das, von welchem wir bekennen, was wir nicht glauben können, ist gerade das

Wichtigste: an Jesus Christus, unseren Herrn, zu glauben und zu ihm zu kommen.

Aber dann fährt Luther fort: „...sondern der Heilige Geist hat mich durch das Evangelium berufen, mit seinen Gaben erleuchtet, im rechten Glauben geheiligt und erhalten."

Wie so oft hat Luther genau ins Schwarze getroffen. Das genau ist es, was der Geist tut: er lässt uns glauben. Er macht uns zu Christen. Er lässt uns das tun, was wir nicht aus eigener Vernunft und Kraft tun können. Die *Vernunft*, wenn wir damit die allgemein menschliche Erfahrung meinen, kann uns ahnen lassen, dass es Gott gibt und dass wir das Gute tun sollen. Aber da begreifen wir nicht, warum wir Christus brauchen, außer vielleicht als Vorbild oder Lehrer. Und die *Kraft* reicht dazu aus, das Gute zu wollen und danach zu streben, aber nicht dazu, so zu werden, wie Jesus es uns lehrt, dass wir sein sollen. Deshalb brauchen wir den Helfer. Er ist es, der uns den Glauben lehrt, nicht im Allgemeinen, sondern den rechten christlichen Glauben, den Glauben an Christus. Jesus sagt selbst: „Wenn aber der Tröster kommen wird, den ich euch senden werde vom Vater, der Geist der Wahrheit, der vom Vater ausgeht, der wird Zeugnis geben von mir." (Joh. 15, 26). Der Geist lehrt uns also, Jesus so kennenzulernen, wie er wirklich ist.

Nebenbei gesagt: Der Geist gibt also nicht Zeugnis von sich selber. Wenn der Geist kommt, zeigt er nicht auf sich selbst. Nicht ihn werden wir sehen oder erkennen, wie es viele gerne wollen. Stattdessen werden wir Jesus sehen. Wir verstehen ihn, sind an ihn gebunden, brauchen ihn, lieben ihn.

Aber wie soll das gehen?

Der Geist wirkt durch das Bibelwort

Oft glauben die Menschen, dass man das Werk des Geistes wie eine Art Inspiration erlebt. Man bekommt eine Eingebung, ein Gefühl, ein Erlebnis, das vom Geist kommt. Jesus sagt ja, dass „der Geist weht, wo er will." Das bedeutet, dass etwas Unberechenbares in seinem Werk ist, etwas, über das wir nicht bestimmen können. Der Geist *kann* unmittelbar zu einem Menschen mit einer Botschaft von Gott kommen. So war es bei den Propheten. Sie waren Gottes gesandte Boten, die in Gottes Auftrag redeten. Man wusste, dass es etwas Seltenes und Kostbares war, was sie vermittelten (wenn man es annehmen wollte). Man behielt es gut, schrieb es auf und gab es weiter an nachfolgende Generationen. Das war von Anfang an die Überzeugung der Christen, dass das, was die Propheten sagten, vom Heiligen Geist inspiriert war. „Denn es ist noch nie eine Weissagung aus menschlichem Willen hervorgebracht worden, sondern getrieben von dem Heiligen Geist haben Menschen im Namen Gottes geredet." (2. Petr. 1, 21). Und im dritten Artikel unseres Glaubensbekenntnisses (dem Nicänum) heißt es, dass der Heilige Geist „gesprochen hat durch die Propheten". So spricht er also auch heute noch durch die prophetischen Worte, durch die Bibel.

Das gilt nun auch für die Worte, die wir durch die Apostel bekommen haben. Auch sie sind ein Teil des Werkes vom Heiligen Geist. Darüber sprach Christus an dem Abend, bevor er starb. Er sagte ihnen etwas Wichtiges, das heute oft vergessen wird: „Ich habe euch noch viel zu sagen; aber ihr könnt es jetzt nicht ertragen." (Joh. 16, 12). Das sagt er also nur ein paar Stunden vor seinem Tod. Vieles, was zum Evangelium gehört, war immer noch nicht gesagt und konnte noch nicht gesagt werden, weil die Jünger noch nicht die Voraussetzungen hatten, es anzunehmen. Es hätte sich für ihre Ohren wunderlich und erschreckend angehört. Der Meister sollte ja von ihnen genommen werden. Wie sollten sie denn schon wissen, was es war, das der Meister ihnen jetzt noch nicht sagen konnte?

Im gleichen Atemzug gab Jesus ihnen die Antwort: „Wenn aber jener, der Geist der Wahrheit, kommen wird, wird er euch in alle Wahrheit leiten." (Joh. 16, 13). Es würde eine Fortsetzung von Jesu Werk geben.

Der Geist leitete die Apostel

Wenn man Paulus oder einen anderen Apostel zitiert, geschieht es, dass Menschen darum bitten, etwas zu hören, „was Jesus selbst sagte". Die Apostel sind sicher gut, meinen sie, aber das Wichtigste ist doch sicher, was Jesus selbst gesagt hat. Oft meint man schlichtweg, man kann sich über das, was die Apostel gesagt haben, hinwegsetzen. „Sie sind ja auch nur Menschen."

Wer das sagt, nimmt Christus in seinem Werk nicht vollständig ernst. Jesus hatte ja selbst gesagt, dass es noch viel gab, was er seine Jünger noch nicht wissen lassen konnte, solange er noch mit ihnen auf der Erde lebte.

Diesen Teil seines Werkes überließ er dem Geist, der die Apostel in die volle Wahrheit leiten sollte. Das ist etwas Wesentliches im Glauben an Jesus Christus: durch das Senden des Heiligen Geistes hat er erst sein Werk vollendet. Die Apostel waren also *nicht* nur „normale Menschen". Sie waren Christi Werkzeuge. Sie wurden vom Heiligen Geist geleitet, so dass sie das richtige Bild von Jesus und seinem Werk geben konnten. Denken wir einmal nach, so ist es nicht schwer zu erkennen, dass die meisten Kernworte der Bibel, die aussagen, wer Jesus war und was sein Werk bedeutete, von den Aposteln stammen (z.B., dass Christus die Versöhnung für unsere Sünden ist, dass er uns freikaufte, damit wir Kindschaftsrecht haben, dass er an Gottes rechter Seite sitzt und für uns bittet). Das bedeutet nicht, dass dies Menschenworte sind. Im Gegenteil, das sind Beispiele, wie Christus sein Versprechen gehalten hat und seine Apostel in die ganze Wahrheit geleitet hat.

Der Geist hat also gesprochen, und er spricht auch heute noch. Zu den Aposteln und Propheten hat er direkt geredet. Zu uns gewöhnlichen Menschen redet er durch die Worte, die er seinen Jüngern einmal gegeben hat, und damit allen zukünftigen Generationen. Deshalb hat das Bibelwort eine so grundlegende Bedeutung und ist so unersetzlich für uns.

Wie der Heilige Geist zu uns spricht

Man kann fragen, wie es kommt, dass der Geist als etwas anderes aufgefasst wird als Christus selbst. War es nicht ganz einfach Christus, der Auferstandene, der in der Kirche durch seine Apostel wirkte?

Lesen wir das Neue Testament, merken wir schnell, dass der Geist mehr ist als Christus in anderer Gestalt. Sicher konnte der Auferstandene zu seinen Jüngern kommen, sie rufen, trösten und sie leiten. Darüber wird vieles in der Apostelgeschichte berichtet. Aber man wusste auch, dass der Heilige Geist reden, leiten, trösten und ermahnen konnte. Hier war jemand, der *über* Christus sprach, der uns sein Bild vor Augen malte und die Menschen zu ihm führte. Jemand, der nicht identisch mit Christus war.

Auf diese Art haben Christen zu allen Zeiten den Heiligen Geist erlebt. Er tut das, was Jesus seinen Jüngern am letzten Abend versprochen hatte. „Er wird von mir zeugen." „Er wird mich verherrlichen; denn von dem Meinen wird er's nehmen und euch verkündigen." (Joh. 16, 14). „Er wird euch an alles erinnern, was ich euch gesagt habe." (Joh. 14, 26).

Wenn der Geist redet, tritt also nicht das Bild vom Geist hervor. (Für Künstler war es immer schwer, ein Bild vom Geist wiederzugeben.) Wenn der Geist an einem Herzen wirkt, wird das Bild von Christus lebendig. Ohne den Geist kann man sich gutes, an und für sich richtiges Wissen über Jesus aneignen. Man kann es als wahr akzeptieren, ungefähr so, wie man sich eine Menge Fakten über fremde Länder aneignet, über unsere Erde und unser Sonnensystem, Fakten, die man selber nicht kontrollieren kann, an die man aber glaubt. Aber wenn der Geist wirkt, wird all dies lebendig. Dann geht es mich persönlich an. Es wird wichtig. Der Retter wird *mein* Retter. Er ist nicht nur für die Welt gestorben, sondern für *mich*, zur Versöhnung für die Sünden, die ich persönlich erlebt habe, schmerzvoll und erniedrigend.

Das Werk des Geistes führt also dazu, dass ich einen „persönlichen Glauben" bekomme. Ich begegne dem lebendigen Herrn, gerade in den Berichten über sein Leben hier auf der Erde. Sein Wort wird ein Wort gerade für mich. Ich verstehe, was Jesus meint, wenn er sagt: Die Meinen hören meine Stimme.

Deshalb erleben viele das Werk des Geistes so, als wenn es Jesu Werk wäre. Man braucht sich darüber nicht zu wundern oder zu beunruhigen. Das gehört zu den Geheimnissen der Dreieinigkeit. Gott ist Einer, und wo eine von den drei Personen der Gottheit wirkt, sind auch die anderen dabei. Man braucht sich also nicht den Kopf zu zerbrechen, um zu analysieren, ob es nun wirklich das Werk des Geistes war, das an mir geschah. Es reicht, dass ich es mit Gott zu tun habe.

Aber mit den Jahren wird man mit immer tiefer werdender christlicher Erfahrung feststellen, dass man mehr und mehr den Heiligen Geist und seine Führung erkennt. Man beginnt zu ihm zu beten und mit ihm zu reden. Er wird der „liebe Heilige Geist", wie Luther zu sagen pflegte.

Was der Heilige Geist uns zu sagen hat

Was der Geist uns zu sagen hat, sind keine neuen Wahrheiten. Er diktiert keine neue Bibel und gibt uns keine neuen Glaubenssätze. Aber er macht die biblischen Wahrheiten lebendig, und das tut er auf ganz persönliche Weise.

Man merkt es sofort, wenn er „mich durch das Evangelium beruft", wie Luther in seiner Erklärung zum dritten Glaubensartikel sagt. Ich höre das Wort. Vielleicht meine ich, es sei ein Zufall. In dieser Sache ist es Gott, der es so gesteuert hat, dass ich in Hörweite bin. Vielleicht wurde das Gleiche gesagt, was ich schon früher gehört habe, und ich dachte, ich sei fertig damit. Aber plötzlich wird mir klar: Es geht um mich. Es ist Gott, der redet, und er redet zu mir. Oder vielleicht habe ich nur verstanden, dass es um etwas wirklich Großes und Wichtiges geht, etwas, wonach ich mich noch nicht zu sehnen begonnen hatte. Es ist der Heilige Geist, der mich berührt hat.

So etwas wird bei den Christen als „Besuchszeiten" bezeichnet. Das sind wichtige Momente im Leben der Menschen. Aber nicht immer wird etwas Bleibendes daraus. Die Bedingung ist, dass man beginnt, ernsthaft zu hören, um mehr zu erfahren. Jesus zu folgen und sein Jünger zu sein besteht zuallererst darin, dass man beginnt, seine Worte ernst zu nehmen. Das beinhaltet unter anderem, dass man anfängt, zum Gottesdienst zu gehen und dass man sich etwas zu lesen besorgt, das einen in Gottes Wort einführt. Man hört dem Meister zu. Und man beginnt, vielleicht etwas tastend und unbeholfen, mit ihm zu reden. Man beginnt zu beten. Nicht nur ein kindliches Gebet um Bewahrung vor Krankheit und Autounfällen für sich und die Seinen, sondern ein ernsthaft gemeintes Gebet, eine Bitte, die ganze Wahrheit über sich selbst, über Gott und seinen Sinn fürs Leben erfahren zu können. Man will mit Gott im Reinen sein.

Da kann der Geist ernsthaft mit seinem Werk beginnen, das wir „Erleuchtung" nennen. Wieder ist es eine höchst persönliche Unterrichtung über mich selbst und über meinen Retter, mit der Betonung auf mir selbst.

Die Wahrheit über mich selbst

Jesus sagt in seiner Abschiedsrede, dass der Geist „der Welt die Augen auftun wird über die Sünde". Es gibt Wahrheiten über die Sünde, die auch die Welt versteht. Aber das Wichtigste versteht sie nicht. Die Welt kann verstehen, dass es Unrecht ist, einen Freund zu betrügen, einen Armen zu bestehlen oder ein Kind zu quälen. Aber der Geist lehrt uns noch etwas mehr, sagt Jesus. Die wirkliche Sünde ist: „Ihr glaubt nicht an mich." Das bedeutet, dass wir Gott nicht lieben, Christus nicht folgen wollen, nicht die Liebe zu ihm und zu unserem Nächsten als treibende Kraft in unserem Herzen haben. Hier stehen wir *alle* als Sünder da. Der Heilige Geist hilft uns, das zu sehen - auf eine höchst persönliche Weise. Wenn ich ein Christ sein will und sehe, wie Jesus war, und verstehe, dass das der wahre Sinn des Lebens ist, das Leben, das man mit Gott lebt, da erschrecke ich über mich selbst. Ich sollte wirklich ganz anders sein als ich bin. Am Anfang glaube ich vielleicht, ich muss es mit ein bisschen gutem Willen schaffen, so zu werden. Es kann ja vieles besser werden. Ich werde vielleicht hilfsbereiter, achte besser auf das, was ich sage, werde milder in meinen Urteilen, pünktlicher und pflichtbewusster. Aber mit dem Allerwichtigsten will es nicht glücken, wie oft ich auch Gott darum bitte. Manchmal glaube ich, jetzt liebe ich Gott über alles. Aber warum ist es dann so schwer zu beten, andächtig und ausdauernd? Warum ist es so schwer, sich nicht darüber Sorgen zu machen, was alles geschehen kann, wenn ich doch weiß, dass alles in Gottes Hand liegt? Warum werde ich nicht rein in allen meinen Gedanken, frei von allem Neid, glücklich alle Kränkungen vergessend. Ich beginne zu verstehen, dass der eigentliche Fehler bei mir liegt, und ich schaffe es nicht, diesen Fehler zu beseitigen. Es sieht hoffnungslos aus, jemals ein „richtiger Christ" zu werden.

In Gottes Werk ist es ein hoffnungsvolles Zeichen, wenn ein Mensch zu verstehen beginnt, wo die Sünde wirklich sitzt. Es ist ein sicheres Zeichen dafür, dass der Heilige Geist wirkt, der der Welt die Wahrheit über die Sünde zeigen soll. Aber jetzt ist für ihn die richtige Zeit gekommen, um das Wichtigste zu lehren, die Wahrheit über Christus. Man kann unzählige Male diese Wahrheit gehört haben, ohne zu verstehen, worum es im Evangelium eigentlich geht. Dass Christus für unsere Sünden gestorben ist, das musste man hören. Aber auf ganz eigenartige Weise hat man geglaubt, dass man sich die Vergebung noch verdienen müsse, und so nach und nach reiner und reiner würde, immer heiliger und am besten fast ohne Sünden.

Die Wahrheit über Christus

Hier zeigt der Heilige Geist ganz deutlich, was für ein Helfer er ist. Wenn ein Mensch wirklich erkennt, dass er ein Sünder ist und bleibt, der Gott nicht über alles liebt und nicht seinen Nächsten wie sich selbst, da kann nur der Heilige Geist unser Herz überzeugen, dass wir schließlich Gottes Kinder werden *um Christi willen*. Gerade für solche Menschen „zeugt er von Christus" und „verherrlicht Christus", damit wir wirklich beginnen zu verstehen, warum Christus an unserer Stelle sterben *musste*, und dass er das wirklich getan *hat*, gestorben gerade für mich, weil es keinen anderen Weg gab, auf dem ich zu Gott kommen und als sein Kind in seiner Nähe leben könnte.

Der Geist zeugt also, wie wir es schon mehrmals gesagt haben, nicht von sich selbst, sondern von Christus. Christi Bild ist es, das er lebendig macht, Christus am Kreuz, der Retter, der auch meine Sünden mit ans Kreuz trug. Es kann sein, dass ich selber am Anfang nicht merke, wenn der Geist wirkt. Ich merke nur, dass es für mich klarer wird. Wie schlecht es auch mit mir selber und meinen Fortschritten steht, so wage ich noch zu hoffen, dass Christus sich über mich erbarmt. Ich merke, dass er mich nicht loslässt. Ich fange an, das tiefe Bibelwort über Christi Gerechtigkeit zu verstehen, die vollkommene, die nur er hat, aber die er den Sündern schenkt.

Und ich kann ihn nicht loslassen. Es kommt über einen, für manche plötzlich, so umwälzend und mächtig, dass sie es nie vergessen, für andere allmählich und nicht genau datierbar, aber es kommt, eine feste Gewissheit, dass um Christi willen alles vergeben ist. Ich bin Gottes Kind. Und da kommt gewöhnlich auch die Gewissheit, dass der Helfer dafür bürgt, dass es die Wahrheit ist. Wie Paulus sagt: „Der Geist selbst gibt Zeugnis unserm Geist, dass wir Gottes Kinder sind." (Röm. 8, 16). „Denn ihr habt nicht einen knechtischen Geist empfangen, dass ihr euch abermals fürchten müsstet; sondern ihr habt einen kindlichen Geist empfangen, durch den wir rufen: Abba, lieber Vater!" (Röm. 8, 15).

Der Geist und das Fleisch

„Er soll in euch sein", sagte Jesus über den Geist. Das gilt für jeden, der an Jesus glaubt. Und das merkt man auf zweierlei Weise. Zuerst so, dass es einen Kampf gibt zwischen dem Geist und unserem alten Ich-Menschen, der Gott weder dienen kann noch will. Der Kampf, der oft beschwerlich sein kann, ist ein sicheres Zeichen dafür, dass der Heilige Geist in uns ist. Dann kommt noch ein Zweites hinzu: die Früchte des Geistes.

Den Konflikt zwischen dem Geist und unserer alten Natur, in der Bibel „Fleisch" genannt, kann man nicht umgehen. Wir tragen alle in uns einen angeborenen Egoismus. „Denn das Fleisch begehrt auf gegen den Geist und der Geist gegen das Fleisch; die sind gegeneinander, so dass ihr nicht tut, was ihr wollt." So steht es im Galaterbrief (Gal. 5, 17). Bei einem Christen gibt es immer etwas, das gegeneinander kämpft. Wollen wir das Gute tun, so ist es das Fleisch, das mit seinen Ausreden und Gegenvorschlägen kommt. Wenn wir dabei sind, unrechte Wege zu gehen, so ist der Geist da und tritt auf die Bremse, damit wir nachdenken.

Viele Christen sehen nur, dass es bei ihnen immer noch etwas zu finden gibt, was dort nicht sein sollte und womit sie täglich kämpfen müssen. Sie könnten versucht sein zu denken, dass etwas nicht stimmt, mit ihnen oder mit dem ganzen Christentum, weil es ihnen ja nie gelingt, „richtige Christen" zu sein. Stattdessen sollten sie daran denken, dass gerade dieser ständige Kampf ein Beweis dafür ist, dass der Heilige Geist in ihnen wirkt und sie auf dem richtigen Weg sind. Den Konflikt zwischen Fleisch und Geist kann man nur umgehen, wenn man für die Seite des Fleisches Partei ergreift. Dann weicht der Geist von uns. Aber die Ruhe, die man dann bekommen kann, ist der Tod des Geistes.

Aber es gibt noch mehr über den Kampf zwischen dem Geist und unserem alten Menschen zu sagen. An der gleichen Stelle im Galaterbrief heißt es: „Lebt im Geist, so werdet ihr die Begierden des Fleisches nicht vollbringen." (Gal. 5, 16). „Lebt im Geist" bedeutet, dass man sich vom Geist leiten lässt. Tut man das, so ist das Resultat, dass man nicht das tut, was das Fleisch will (das griechische Wort hat die Bedeutung: bewerkstelligen, vollenden). Die Begierde kann immer noch da sein, aber sie wird in Schach gehalten. Und sie hindert uns nicht daran, Gottes Kinder zu sein. Es heißt etwas später im Galaterbrief: „Regiert euch aber der Geist, so seid ihr nicht unter dem Gesetz." (Gal. 5, 18). Ist es der Geist, dem wir folgen wollen, so ist es nicht länger das Gesetz, das unser Verhalten Gott gegenüber bestimmt. Dass man vom Geist regiert wird, ist ein Zeichen dafür, dass man an Christus glaubt und ihm gehört und „so gibt es nun keine Verdammnis für die, die in Christus Jesus sind." (Röm. 8, 1). Sie stehen nicht mehr länger unter dem Gesetz. Das hat Christus erfüllt. Alles, was sie verbrochen und versäumt haben, hat er gutgemacht. Sie leben unter einer vollkommenen Vergebung. Und sie haben den Geist bekommen. Aber das bedeutet, dass es etwas gibt, das im ständigen Streit mit dem angeborenen Egoismus, den wir alle in uns tragen, liegt. Es bekommt also eine entscheidende Bedeutung für unsere Lebensführung, ob wir an Christus glauben und den Geist besitzen.

Die Früchte des Glaubens

Das zweite Zeichen dafür, dass ein Mensch den Heiligen Geist hat, ist, dass er „Frucht bringt." Zu den Früchten des Geistes gehören, um Paulus zu zitieren: „Liebe, Freude, Friede, Geduld, Freundlichkeit, Güte, Treue, Sanftmut, Keuschheit." (Gal. 5, 22 ff).

Paulus hat unmittelbar davor von den „Werken des Fleisches" gesprochen. Das ist das, was wir tun, wenn unser alter Mensch seinen Willen bekommt. Da geht es also um Taten, die mit eigenen Kräften zustande kommen. Mit den Früchten des Geistes ist das anders. Das ist etwas, was hervorwächst, wenn der Geist in uns wirken darf. Dabei handelt es sich also nicht um angeborene „gute Eigenschaften". Gewiss gibt es gute natürliche Anlagen bei uns Menschen. Wir sind ja von Gott geschaffen. Und diese Anlagen werden auf rechte Weise angewendet, wenn wir im Glauben leben. Aber der Geist wirkt darüber hinaus etwas Neues, etwas, was nicht nur das Ergebnis unseres Beschlusses und unserer Anstrengungen ist. Es sind die Früchte des Geistes.

Die Früchte des Geistes lassen sich nicht widerspiegeln. Wer sie bei sich selber sehen möchte, um festzustellen, wie weit man schon fortgeschritten ist und sich freut, was man zustande gebracht hat, der wird enttäuscht. Gottes Wort hält uns wohl einen Spiegel vor, aber das ist der Spiegel des Gesetzes, und da sieht man seine Fehler. Die Früchte des Geistes werden von anderen Menschen gesehen und herausgelesen, nicht von uns selber. Wir bekommen sie nicht, damit wir uns überzeugen können, dass wir nun „richtige Christen" sind. Unser Recht, Christ zu sein, können wir nur auf dem bauen, was Christus für uns getan hat. Dadurch sind wir Gottes Kind und leben in seinem Reich.

Aber gerade da, in Gottes Reich und bei seinen Kindern, wirkt der Geist Gottes. Jesus gebraucht selbst das Bild von den Reben und dem Weinstock, der nur Frucht tragen kann, weil die Reben mit dem Stamm zusammengewachsen sind. Man kann das Bild weiterdenken und sagen: der Saft, der den Stamm empor fließt und Leben gibt, das ist der Heilige Geist. Wo er wirkt, beginnt etwas zu geschehen. Nicht unbedingt über Nacht. Aber ganz allmählich kommen Blüten und Früchte.

Es ist nicht ungewöhnlich, dass gute Christen, die für andere eine Hilfe sind - sowohl als Beispiel als auch durch ihre Hilfsbereitschaft - selbst darüber bekümmert sind, dass sie so wenig Frucht bringen. Sie sollen damit getröstet werden, dass sie aufhören sollen, auf sich selbst zu sehen. Sie sind Jünger und sollen auf ihren Meister blicken. Je mehr sie ihn gern haben, je mehr sie von seiner Güte annehmen und seine Liebe verstehen, desto mehr merkt man es ihnen an. Aber das ist etwas, worüber sich *andere* freuen sollen, nicht wir selber. Richtig verstanden besteht die Heiligung eines Jüngers darin, dass ein Jünger vom Umgang mit dem Meister geprägt sein soll. Er beginnt ihm zu ähneln, ohne davon selbst etwas zu wissen. Paulus sagt: „Nun aber schauen wir alle mit aufgedecktem Angesicht die Herrlichkeit des Herrn wie in einem Spiegel, und wir werden verklärt in sein Bild von einer Herrlichkeit zur andern von dem Herrn, der der Geist ist." (2. Kor. 3, 18). Denn Gott „hat einen hellen Schein in unsre Herzen gegeben, dass durch uns entstünde die Erleuchtung zur Erkenntnis der Herrlichkeit Gottes in dem Angesicht Jesu Christi." (2. Kor. 4, 6).

Das Wirken des Geistes und die Gaben des Geistes

Alles, worüber wir jetzt gesprochen haben, kann man unter der Rubrik „Wirken des Geistes" zusammenfassen, das, wozu er zu den Menschen geschickt wurde. Das ist in der Hauptsache bei uns allen gleich. Es ist etwas, was notwendigerweise mit uns geschehen muss, wenn wir Gottes Kinder werden und in seiner Nähe leben. Wir gehören einem Menschengeschlecht an, das sich von Gott entfernt hat. Alle haben wir es nötig, bekehrt zu werden. Das ist es, worüber wir gesprochen haben, was bei den Christen *Bekehrung* genannt wird. Ein Mensch lernt sich selbst und Christus kennen und kommt zu ihm, um ihm zu folgen und unter seinem Schutz zu leben. In einer alten Übersetzung wird das Wort „Besserung" angewandt, aber in der neuen steht „Bekehrung", was besser ausdrückt, um was es geht. Spricht man von Besserung, so glauben die Menschen leicht, es ginge darum, sich etwas zu bessern, gewisse Unarten zu beseitigen und die Moral in Ordnung zu bringen. Aber beim Werk des Geistes geht es darum, seine ganze Lebensrichtung zu ändern: von einem Leben, das man selbst bestimmt und wo man selbst der Mittelpunkt ist, zu einem Leben, wo Christus der Herr ist.

Gerade da hat der Geist seine große Aufgabe: von Christus zu zeugen und uns zu Christus zu führen. Das ist das *Werk des Geistes*, das notwendig ist und geschehen muss, wenn wir heimkommen zu Gott.

Mit den *Gaben des Geistes* ist es anders. Sie sind individuell. "In einem jeden offenbart sich der Geist zum Nutzen aller." (1. Kor. 12, 7). „Dies alles aber wirkt derselbe eine Geist und teilt einem jeden das Seine zu, wie er will." (1. Kor. 12, 11). Keine der Gaben des Geistes sind heilsnotwendig. Keine ist für alle Christen bestimmt. Kein Christ braucht sich minderwertig zu fühlen oder sich zu fragen, ob der Fehler bei ihm selber liegt, wenn er eine Gabe nicht bekommt, die andere bekommen haben. Aber es ist wichtig, dass man die besondere Gabe, die der Geist gerade mir gegeben hat, besonders annimmt und gebraucht.

Die Gnadengaben

Die Gaben des Geistes werden im Neuen Testament Gnadengaben genannt, auf griechisch „Charismen". Wir haben das als Lehnwort und sprechen zum Beispiel von einer „Charismatischen Erweckung". Es ist ja eine erfreuliche Tatsache, dass wir heute quer durch alle christlichen Gruppierungen ein neues Verstehen und Einschätzen der Gnadengaben finden.

Das Interesse galt in erster Linie dem Zungenreden und Heilen, in manchen Fällen auch dem, was die Bibel „kraftvolle Taten" nennt. Aber im Wirken des Geistes finden sich viel mehr Charismen. In dem Kapitel, in dem Paulus besonders davon spricht (Röm. 12 und 1. Kor. 12), werden an die zwanzig erwähnt. Und in Wirklichkeit gibt es noch mehr. Der Geist gibt ja jedem eine besondere Gabe. Seine Möglichkeiten sind unbegrenzt.

Was zeichnet eine Gnadengabe aus?

Kurz gesagt: Ein Mensch bekommt durch den Geist die Fähigkeit, etwas auf so eine Weise zu tun, wie er es vorher nicht konnte. Es ist immer die Frage, etwas im Dienst Christi zu tun, zum Nutzen für andere. Oft geht es darum, etwas, was man vorher schon konnte als natürliche Begabung, auf eine neue und bessere Weise anzuwenden. Zum Beispiel hat man die Begabung zu reden und zu unterrichten, mit Menschen in Kontakt zukommen und sie zu verstehen, klug und praktisch zu handeln.

Zungenrede und Gnadengaben

Die Zungenrede gehört sicher zu den Gaben des Geistes, über die heute am meisten gesprochen wird. War es früher ein Kennzeichen für extreme Richtungen, so ist es heute etwas allgemein Christliches, das sowohl bei Katholiken als auch bei altkirchlichen Lutheranern gefunden wird. Die, die diese Gabe bekommen haben, können davon zeugen, dass es viel für sie bedeutet. Es hat ihren Glauben und ihre Liebe gestärkt. Viele, die diese Gabe nicht bekommen haben, beten darum und hoffen, dass der

Geist einmal gerade auf diese Weise über sie kommen wird.

Das ist nun nicht ganz biblisch. Paulus sagt ausdrücklich, dass nicht alle diese Gabe bekommen können (1. Kor. 12, 30). Die Gaben des Geistes sind verschieden. Wir können nicht selbst bestimmen, welche wir bekommen sollen. Der Geist teilt sie ja mit dem Gedanken aus, was am Besten in die Gemeinde passt. Und gerade die Zungenrede unterscheidet sich von allen anderen Gaben, weil sie nur zum Nutzen und zur Freude für den ist, der die Gabe hat, nicht für die anderen. Deshalb setzt Paulus diese Gabe hinter die anderen, nicht an die erste Stelle (1. Kor. 12, 1 - 6).

Wir sollten also nicht blind auf die mehr Aufsehen erregenden Gaben starren. Es wird in der Tat zu wenig über manche anderen gesprochen, die weniger sensationell sind, aber vielleicht wichtiger und nützlicher, zum Beispiel sich anderer Menschen annehmen, trösten und ermahnen oder in der Leitung von einer christlichen Arbeit stehen. (Alle werden erwähnt in 1. Kor. 12, 28 und Röm. 12, 7 ff.)

Es gibt zum Beispiel Christen, die die Gabe bekommen, sich um Andere zu kümmern. Sie haben Augen für die Bedürfnisse der Anderen. Sie kommen leicht in Kontakt mit Menschen. Sie haben durch ihren Glauben eine neue Liebe bekommen, die ihnen Kraft gibt, mit Menschen zu arbeiten, während andere aufgeben. So eine Gabe zieht viel Arbeit nach sich. Es ist nicht sicher, ob sie das Leben leichter macht - keinesfalls bequemer - aber reicher.

Ähnlich ist es mit der Gabe des Tröstens. Viele werden für diese Gabe ausgerüstet dadurch, dass sie durch schwere Sorgen und harte Schläge gehen müssen, mehr als andere Menschen. Sie haben etwas zu sagen, was sie selbst erlebt haben, über die große Geborgenheit, an Gottes Hand zu gehen, auch wenn man durch die größten Dunkelheiten des Lebens geht. Ihre Worte bekommen Gewicht und Autorität, die die Erfahrung gibt. Durch sie spricht der größte aller Tröster, der Heilige Geist.

Das Neue Testament zeugt davon, dass es Gaben des Geistes mitten in der täglichen Arbeit in der Gemeinde gibt, jedenfalls sollte es sie dort geben. Es kann sie geben, ohne dass sich jemand darüber Gedanken macht, dass es Gnadengaben sind. Man spürt nur, dass die Arbeit vorwärts geht und gesegnet ist. Wo so etwas geschieht, wirkt der Geist. Es ist mehr, als wir Menschen mit unseren guten Vorsätzen zustande bringen. Das kann für ganz praktische Leiterfunktionen gelten (das Wort steht im Grundtext bei 1. Kor. 12, 28). Sie werden vielleicht von anspruchslosen Gemeindemitgliedern ausgeübt, die durch ihren Glauben in die Kirche und beim Abendmahl ein Vorbild sind, immer bereit, praktische Aufträge anzunehmen, immer klug und effektiv, wenn sie sie ausführen. Es scheint so, als ob in ihren Händen alles glückt. Das ist eine Arbeit im „Geist". Das wärmt, das schweißt die Menschen im Glauben zusammen, das lässt uns erkennen, dass wir hier Christus dienen und dass er mitten unter uns ist.

Meine Gabe

Wenn nun der Heilige Geist jedem Christen eine besondere Gabe gibt, wie kann ich da Klarheit bekommen, welches meine besondere Gabe ist? Viele meinen, dass sie überhaupt keine Gabe bekommen haben. Worauf kann das beruhen?

Oft hängt es damit zusammen, dass man denkt, eine Gabe muss etwas Außergewöhnliches sein, etwas, was mich vor Anderen auszeichnet. Wir gebrauchen ja das Wort „Gabe", wenn jemand gut singen, zeichnen, vortragen oder reden kann. Also fängt man an, sich mit Anderen zu vergleichen und sich zu fragen, was für eine besondere Gabe man bekommen hat. Für die meisten führt es dazu, dass sie missmutig feststellen, dass sie nichts Bemerkenswertes vorzuweisen haben. Aber hier geht es nicht darum, tüchtiger als Andere zu sein, sondern anzufangen, etwas im Dienst Christi und um Christi willen zu tun. Der Sinn ist ja nicht, dass ich eine Gelegenheit bekomme zu glänzen, sondern dass der Geist in der Gemeinde zum Zuge kommt, vielleicht ganz im Stillen. Seine besondere Gabe entdeckt man also nicht dadurch, dass das Geistliche sich im Spiegel prüft, sondern, indem man wache Augen für seine Umgebung hat und Gott bittet zu sehen, ob es möglicherweise etwas gibt, womit man seinen Mitmenschen helfen kann.

Ein anderer gewöhnlicher Fehler ist, dass man um eine bestimmte Gabe bittet, die man selber gerne hätte. Stattdessen sollte man dafür beten, zur Freude und zum Segen für seine Mitmenschen dasein zu können. Wenn es doch eine Möglichkeit für eine kleine Aufgabe für mich gäbe, vielleicht, dass ich mich eines Menschen besonders annehmen sollte.

Schließlich sollte man auch bereit sein, zu warten.

Es kommt vor, dass Gott eine Aufgabe bereit hält, bei der gerade die Gabe, die er mir geben will, eine ungeahnte Segnung werden wird. Aber gerade jetzt liegt dein Weg nicht sichtbar vor dir. Ich muss mich damit zufrieden geben, wie viele Andere zu leben, die man nicht bemerkt, aber trotzdem in der Gemeinde leben. Eines Tages wird es sich vielleicht zeigen, dass gerade das, was ich in der Wartezeit lerne und tue, mir die Erfahrungen gibt, die ich in der Aufgabe, die Gott für mich bereithält, brauche.

Die Hauptsache ist also, dass man sich von Gott als Werkzeug gebrauchen lässt, ohne dass man selbst bestimmt, wie. Wer nur den einen großen Wunsch hat, nämlich vom Geist geleitet zu werden, im Geist zu wandeln, wie es in der Bibel heißt, der wird recht geführt. Er weiß, was die Grundbedingung ist, nämlich sich von Gottes Wort unterweisen zu lassen. Beides ist lebenswichtig und gehört zum christlichen Glauben: vom Geist zu einem rechten Glauben an Christus geführt zu werden und darüber hinaus, was der Heilige Geist mit uns und durch uns tun will, wenn er „jedem von uns seine besondere Gabe zuteilt, so wie er will".

Die dritte Person der Gottheit

Der christliche Glaube ist ein Glaube an den Vater, den Sohn und den Geist. Der Geist ist nicht nur eine Kraft, durch die der Vater und der Sohn wirkt. Er ist ein persönliches Wesen. Das Neue Testament verdeutlicht das sehr gut. Der Heilige Geist *redet*. Er hat durch die Propheten geredet, er hat zu den Aposteln geredet, in Versammlungen und zu einzelnen Christen. Er kann so konkret reden, dass in der ersten Kirchenkonferenz, die in der Apostelgeschichte im 15. Kapitel geschildert wird, gesagt wird: „Der Heilige Geist und wir haben beschlossen." (vgl. Apg. 15, 28). Er *handelt*. Er leitet Paulus auf seinen Wegen, er setzt die Leiter der Gemeinden ein. Es gibt Dinge, die er ablehnt und andere, die er befiehlt. Er kann alles ergründen, er legt ein gutes Wort für uns ein, er zeugt mit unserem Geist, dass wir Gottes Kinder sind. Man kann ihn herausfordern, man kann ihn betrüben. Es besteht also kein Zweifel, dass er auf die gleiche Weise persönlich ist wie der Vater und der Sohn. Deshalb reden wir im Christentum von dem Heiligen Geist und schreiben seinen Namen mit großen Buchstaben. Das ist dann ein Eigenname, der Name einer Person, und so etwas wird nach üblicher Regel mit großen Anfangsbuchstaben geschrieben. Es wirkt sowohl verwirrend als auch irreführend, wenn man in neuen Bibelübersetzungen „der heilige Geist" schreibt.

Wenn wir von den drei „Personen" der Gottheit sprechen, dem Vater, dem Sohn und dem Heiligen Geist, muss man bedenken, dass nicht drei voneinander verschiedene Individuen gemeint sind. Wir glauben an einen Gott, aber in seinem Wesen gibt es eine ewige Dreifaltigkeit, wie es in der Lehre ausgedrückt wird. Die Lehre der Dreieinigkeit beruht nicht auf Spekulation, sondern darauf, dass Gott in seiner Wirklichkeit in dieser Weise auftritt. Gott hat gezeigt, dass er so ist. Er begegnet uns wirklich als der himmlische Vater, als unser Bruder Jesus und als der Geist, der in der Kirche wirkt. Hätten wir Menschen uns den Glauben ausgedacht, hätte er ganz anders ausgesehen. Es zeigt sich auch, dass die Menschen, wenn sie sich selber Gedanken machen und sich eine eigene Religion machen, ahnen und erkennen, wie es mit Gott und dem Sinn des Lebens sein muss. Sie werden sicher zu etwas anderem kommen als zu unserem christlichen Glaubensbekenntnis. Das gründet nämlich nicht auf menschliche Erkenntnisse, sondern auf bestimmte Ereignisse, durch die Gott sich uns offenbart hat und uns hat wissen lassen, wer er ist. Und das ist etwas total anderes, als was sich Menschen hätten ausdenken können.

Der christliche Glaube und die allgemeine Religiosität

Was normalerweise als christlicher Glaube bezeichnet wird, ist in Wirklichkeit oft eine allgemeine Religiosität. (Wir haben darüber ausführlich im ersten Teil des Buches gesprochen.) Man kann Gott ja in der Natur, in der Musik, in den Forderungen des Gewissens nach Wahrheit und Rechtschaffenheit ahnen. Dadurch bekommt man ein Wissen über Gott, das oft vage und diffus ist. Aber es kann trotzdem wesentliche Wahrheiten beinhalten und für das Christentum öffnen, eine Art „Vorhofchristentum". Es wird dann positiv reagieren, wenn es ernsthaft der Offenbarung begegnet, dem Gott, der in die Welt eingegriffen hat, wie er es in Israel und in Jesus Christus getan hat, um sich uns zu zeigen.

Der christliche Glaube rechnet also damit, dass es etwas Entscheidendes gibt, was über alles hinausgeht, was wir als Menschen hören oder selber erleben können. Es gibt etwas, das Gott uns zeigen musste, etwas, das er tat und von dem er sprach. Das Wichtigste ist, dass er seinen Sohn gesandt hat, zur Versöhnung für die Sünden der Welt, um uns die Möglichkeit zu geben, als seine Kinder in der Vergebung leben zu können.

Hier ist es, genau bei Christus, wo sich die Wege teilen - auch schon zu Jesu Zeit. Manche folgen ihm, hören und werden überzeugt. Sie bekommen die Bestätigung für vieles, was sie vorher schon geahnt haben. Sie bekommen die Augen geöffnet für neue wesentliche Dinge. Aber es kann auch sein, dass Menschen ein bestimmtes „Nein" sagen. Sie wollen „privatreligiös" sein. Es reicht ihnen, was sie ahnen und erleben oder vielleicht erleben werden, wenn sie versuchen, auf eigenen Wegen vorwärts zu kommen.

Das Dogma und der Glaube

Solche privatreligiösen Menschen kritisieren das Christentum oft dafür, dass es so „dogmatisch" ist. Sie selbst meinen, sie haben eine Religiosität ohne Dogmen. Das stimmt aber nicht. Mit Dogmen werden Lehrsätze bezeichnet. Wie vage oder negativ man seinen Glauben auch formuliert, es geht um Dogmen. Sagt man, dass alles relativ ist, dass man nichts Bestimmtes über Gott weiß und dass es viele Wege zum Heil gibt, so ist das alles Dogma, auch wenn das Christentum das Gegenteil sagt: dass es einen gibt, der in Ewigkeit und unveränderlich ist, dass Gott sich offenbart hat, dass der Weg zum Heil über Jesus Christus führt. Weist man den christlichen Glauben in einem Punkt ab, so hat man, vielleicht unwissend, ein anderes oder entgegengesetztes Dogma verehrt.

Es ist aber auch richtig, dass das Christentum „so viele Dogmen" hat. Das hängt mit unserem Glauben an die Offenbarung zusammen. Wir glauben, dass Gott uns viel hat wissen lassen, damit wir ihn richtig kennen lernen und den Weg zu ihm nach Hause finden. Deshalb hat die Bibel etwas Wesentliches zu sagen, wo andere nur Fragezeichen setzen oder weiter auf eigene Erkenntnisse bauen.

Auf der anderen Seite ist es richtig, dass niemand dadurch Christ wird, dass er „an Dogmen" glaubt, wenn man damit eine Reihe von Lehrsätzen als Wahrheit meint, ungefähr so, wie wir es machen, wenn wir uns über Astronomie oder Elektronik oder ein anderes Wissensgebiet informieren. Der lebendige Glaube ist immer Gemeinschaft mit Gott, ein persönliches Verhältnis zum Vater, ein Weg mit Christus und ein Leben unter dem Einfluss des Heiligen Geistes. Das Leben im Glauben ist mehr als die Glaubenssätze, die beschreiben, was der Inhalt des Glaubens ist.

Der Geist in der Kirche

Zum Christentum Stellung zu nehmen ist also nicht nur eine Frage, dass man sich Wissen verschafft. Das ist sicher wichtig. Die Menschen, die das Christentum ablehnen, sind meistens bemerkenswert unwissend über die Inhalte des christlichen Glaubens. Aber auch, wenn man wissen will, um was es geht, reicht es nicht aus, „sich zu informieren", wie es viele beispielsweise bei einem politischen Programm machen oder einem Gesetzesvorschlag. Im Christentum geht es sowohl um das Wissen als auch um Erkenntnis.

Wissen kann man sich durch zuverlässige Literatur oder sachkundige Unterrichtung aneignen, hier wie auch auf anderen Gebieten. Aber die Erkenntnis ist etwas anderes. Hier gibt es eine gewisse Ähnlichkeit mit der Kunst, der Musik, der Dichtung und anderen Lebensbereichen, wo das „Sich-Einfühlen" eine wichtige Rolle spielt. Bei der christlichen Erkenntnis spielt dieses Einfühlen auch eine Rolle. Man weiß nicht nur, man versteht. Man steht mitten in einer Botschaft. Man kann das auf sich selbst anwenden. Das Ganze handelt von einem Werk Gottes mit uns Menschen, ein Werk, in das ich selber mit einbezogen bin. Im Tiefsten ist diese Erkenntnis ein Werk des Heiligen Geistes.

Die Aufgabe der Kirche ist es, dieses Werk des Geistes zu vermitteln. In allem, was sie tut, soll sie sowohl Wissen als auch Erkenntnis vermitteln und anbieten. Unsere Gottesdienste und andere Formen des Wirkens sollten sowohl Unterrichtung sein als auch Gemeinschaft mit Gott schenken. Ob die Kirche in der richtigen Weise lebt und wirkt, ist am Schluss die Frage danach, ob sie den Geist hat und Werkzeug des Geistes bleibt.

Hier können wir schließen mit der Erinnerung an das, was wir mit dem dritten Glaubensartikel bekennen: Wir glauben an den Heiligen Geist. Er wirkt in der heiligen, allgemeinen Kirche und macht sie zu einer Gemeinschaft von „Heiligen", von Menschen, die durch das Werk des

Geistes geheiligt werden. Das geschieht, wo er uns zum Glauben führt, die Vergebung der Sünden schenkt und uns leitet bis zur Auferstehung der Toten und zum ewigen Leben.